越境する歴史認識

剣持久木 編

越境する歴史認識

ヨーロッパにおける
「公共史」の試み

岩波書店

目　次

序章　歴史認識問題から公共史へ　剣持久木　1
はじめに　1
1　公共史とはなにか　2
2　タテの公共史　4
3　ヨコの公共史　6
4　タテとヨコの交差──国境を越える歴史博物館　8
5　公共史の課題──吉見裁判が提起するもの　10
6　フランスにおける公共史──『リストワール』誌の例　12
7　本書の構成　13

第Ⅰ部　タテの公共史

第1章　映像の中での公共史──「フランスの村」にみる占領期表象の現在　剣持久木　23
はじめに　23
1　映像の中の占領期表象　24
2　「フランスの村」　31
3　公共史としての映像──ホロコースト表象の射程　43
おわりに　47

第2章　ドイツ現代史の記述と表象　川喜田敦子　53
――「ジェネレーション・ウォー」から考える歴史認識の越境化の諸相
はじめに　53
1　ドラマシリーズ「ジェネレーション・ウォー」の放映　54
2　「ジェネレーション・ウォー」に見るドイツの歴史認識　56
3　ナショナル・ヒストリーの越境化の諸相　61
まとめ　68

第3章　証言と歴史を書き記すこと《エクリチュール》　アネット・ヴィヴィオルカ　75
――ショアーの表象をめぐって　（安原伸一朗訳）

第4章　ポーランド現代史における被害と加害　吉岡　潤　93
――歴史認識の収斂・乖離と歴史政策
はじめに　93
1　ポーランド現代史を捉える認識パッケージ　95
2　「歴史消費大国」ポーランド　97
3　ポーランド現代史の負の側面――ドイツ人「追放」問題　102
4　歴史認識の収斂と公共化　105
5　乖離する歴史認識　112
おわりに　116

補章　日本における博物館展示と戦争の痕跡　ファブリス・ヴィルジリ（剣持久木訳）　121
はじめに　121
1　平和博物館？　122
2　博物館のなかで誰が戦争の犠牲者なのか　126
3　日本帝国軍の犠牲者を語る　127
4　空襲下の人々　130
5　兵士の苦しみあるいは犠牲者としての兵士？　131
6　男だけでなく女の歴史　133
おわりに　136

第Ⅱ部　ヨコの公共史

第5章　第一次世界大戦の博物館展示
——ペロンヌ大戦歴史博物館（ソンム県）の事例　ステファン・オードワン＝ルゾー（末次圭介訳）　143
はじめに　143
1　当初の博物館　144
2　博物館と研究　148
3　展示品からわかること　151
おわりに　そして今、新しい博物館へ……　152

第6章　ヨーロッパ国境地域における戦争の記憶と博物館
——アルザス・モーゼル記念館を例に　西山暁義　157
はじめに　歴史博物館と歴史学　157
1　独仏国境地域の現代史博物館——アルザス・モーゼル記念館　158
2　アルザス・ロレーヌと第二次世界大戦　161
3　記念館設立への過程　164
4　多様な記憶と展示される過去をめぐって　168
5　展示方法——再現的手法の多用　170
おわりに　反響と新たな課題——「名前の壁」と「ヨーロッパ統合展示」　177

第7章　ドイツにおける対外文化政策としての歴史対話
——一九七〇年代の国際教科書研究所をめぐって　近藤孝弘　187
はじめに　共同教科書が提起する問題　187
1　ドイツ＝ポーランド対話の進展と国際歴史教科書対話の語られ方　188
2　国際教科書研究所再建問題における西ドイツ外務省のアプローチ　194
おわりに　国家の相対化と歴史コミュニケーション圏の変容　204

おわりに　剣持久木　211

序章　歴史認識問題から公共史へ

剣持久木

はじめに

歴史認識問題が議論されるようになって久しい。東アジアでは歴史教科書問題が一九八〇年代に起きて以来論争が絶えないという印象がある。しかし、歴史認識の対立は東アジアの専売特許ではない。一九世紀に国民国家が成立、完成するのと並行して発展した歴史学は、そもそも国民国家を正当化するために誕生したといっても過言ではない。とりわけ歴史教育が「健全な国民を育成する」という目標を掲げていることについては、現在でも、政治的立場を超えて共通認識になっているといってもいいかもしれない。問題は「健全な国民」とは何かについて意見が分かれることである。片や、「自国の歴史に誇りをもつ国民」、片や「自国の歴史の影の部分も直視できる国民」という対立軸が想定されるが、両者が必ずしも矛盾するわけではない。歴史研究者を志した出発点として、子供時代に自国や郷土の歴史に少なからず誇りを持ったことを記憶している者は、編者だけではあるまい。

「中国人は歴代皇帝の名前を暗唱しているというのに、わが国民はクローヴィスもジャンヌ・ダルクも知らない」(1)。これは、翌年のフランス大統領選に向けて二〇一五年に実施された野党側の予備選に勝利し、大統領本選挙でも有力といわれていた候補フランソワ・フィヨン氏が、歴史教育を批判して述べた言葉である。この発言内容が正確でないことは、発言を掲載して検証した『ルモンド』紙が指摘しているが、ここで注目すべきは、フランスにおいても歴史認識の対立は存在するということである。歴史認識の対立は、国家と国家の間だけではなく、一つの国の中にも存在するのである。日本近現代史における昭和史論争が示すように[2]、国民国家形成過程をめぐる保守派と進歩派の対立は、どこの国に存在するといっても過言ではないだろう。

そうしたなかで、歴史教科書が論点になるのは必然である。歴史教科書をめぐる論争については、すでに多くが語られてきたのは周知の通りである。本書においては、歴史認識問題を、歴史教科書や歴史教育を超えた広い視点、公共史という視点で考えることを提案したい。ここでいう公共史とは、歴史教科書をふくめ、一般の歴史認識形成に役割をはたす媒体の総体である。本書は、おもにヨーロッパで現在進行中の歴史認識越境化の様々な試みを公共史の実践として具体的に検討していくが、ここでは最初に、公共史の定義から検討し、ついで本書の視角を説明し、最後に、本書の構成を紹介していく。

1　公共史とはなにか

公共史という言葉は耳慣れなくても、Public history という言葉は聞いたことがあるという人は少なくないはずである。事実、少なくとも北米では一九七〇年代にはひんぱんに登場するカテゴリーとなり、一九八〇年代には、ＮＣＰＨ（全米公共史評議会）という学術団体も立ち上がっている。同評議会が二〇〇七年に掲げた公共史の定義は、「公共史とは、共同研究や歴史の実践を促進する運動、方法論そしてアプローチであり、実践者は、その専門的洞察を大衆にとって身近で有益なものとする使命をすすんで引き受ける」[3]とある。また、最新の同評議会のホームページでは、公共史と言い換え可能な用語として応用史 Applied history、つまり歴史を役立てる様々な方法[4]、と規定している。

要は、歴史の専門的知識を役に立つものとして一般の人々に伝える役割を担っているのが、公共史ということになるだろうか。もちろん、「公共(Public)」について厳密に定義するのであれば、(公共史を支える)公共圏の問題を議論しなければならない。また、ホロコースト研究で知られるピーター・ノヴィックが、「公共史と呼ばれているテーマの多くは、Private history や Popular history の範疇にいれるべき[5]」と批判しているように、公共史の定義を厳密にすべきであるという議論もあるだろう。しかしながら、「公共」が何を指すのかは地域によっても時代によっても変化するのも事実である。

ここでは、さしあたり厳密な定義を棚上げして、公共史の領域の最大公約数として、書物、博物館、歴史記念館、映画、テレビ番組など、大衆と歴史学を橋渡しするメディアということにしておこう。ただし、いずれのメディアにおいても、専門歴史家の関与が担保されていることが、「公共史」の要件であるとしたい。

まず、公共史が、アカデミックに認知された経緯を簡単に振り返っておこう。大学での公共史の講座開設は、一九七六年にロックフェラー財団の助成を受けたカリフォルニア大学サンタバーバラ校のロバート・ケリーが先鞭をつけ、以後全米に広がった。カナダでも一九八三年にワーテルロー大学で始まっている。ヨーロッパでは遅れていたものの、ドイツでは二〇〇八年からベルリン自由大学で、二〇一五年秋新学期からケルン大学で、フランスでは、二〇一五年新学期からパリ東大学(クレテイユ、旧第一二大学)に修士課程が開設されている[6]。また国際的には、二〇一〇年にＩＦＰＨ(公共史国際連盟)が創設され、二〇一五年に中国済南で開催された国際歴史学会議には、正式の構成メンバーとして参加している。同会議に参加した編者が確認しただけでも三つの部会に公共史は関わっており、公共史が近年、急速に関心を高めていることは明らかである[7]。

このように国際的には広く認知されてきた公共史であるが、わが国ではほとんど馴染みがないのも事実である。

管見の限りでも「公共史」を研究テーマに掲げた、書物、論文、科研テーマは皆無である[8]。そこで、このような状況を踏まえて本稿では、公共史というテーマに取り組む際のアプローチからまず提案していきたい。

本書では、公共史を、タテとヨコの二つの軸から構成されるものとして考えていきたい。まずタテについては、基本的には国内における専門家と大衆の関係性、そしてヨコについては、地域同士の関係性、とりわけ国境を越える関係性を想定している。もちろん、タテとヨコが交錯するケースが存在するのは、国境を越える歴史博物館や歴史教科書からも明らかであるが、ここでは、最初にタテとヨコそれぞれについて、公共史の射程を整理しておこう。

2　タテの公共史

まずタテの公共史は、歴史研究を専門とする研究者と、歴史を愛好する一般読者とをつなぐものである。書物では、とくに概説書あるいは、学術一般書が想定される。専門書については、専門家による専門家のための研究書ということで範疇からはずしておこう。概説書は、いわゆる入門書であり、関心の高い中学生、高校生や、大学一年生の一般教養レベルが想定されている。学術一般書は、歴史好きの一般読者やこれから研究テーマを決めていこうという学部大学生を対象として、概説書と専門書の中間に位置している。学術一般書として想定されるのは、新書や選書、ペーパーバックつまり価格としては二〇〇〇円台が上限であろうか[9]。

もちろん、これはあくまで目安であり、公共史と、専門的な研究書の境界は必ずしも厳密ではない。ただ、概説書あるいは入門書と学術一般書を同じくくりの中にいれたことは、近年の出版傾向を考慮している。というのは、かつては後者に属すると思われていた新書というカテゴリーが明らかに拡大しているという状況がある。つまり、一つの出版社が、対象読者にあわせて、複数の新書シリーズ、具体的には入門的新書のシリーズと、専門性重視の新書シリーズを出しているということ、またそもそも新書におけるスタンダードと認識されてきた老舗の岩波新書が、近年、読者の対象を広げる企画にかなりシフトしてきたことなどがある。

書物に続いて注目すべきは、映像メディアである。二〇世紀は「映像の世紀[10]」ともいわれるように、最初から映像によって記録され、無声やトーキー映画からテレビ、インターネットと、膨大な蓄積がすでになされている。さらに記録としてのドキュメンタリーだけでなく、歴史を題材とした映画、大河ドラマをはじめとした歴史ドラマなど、有史以来すべての時代が、映像化の対象となってきたといっても過言ではない。もちろん、歴史の創作ドラマについては、歴史書のような厳密な史料解釈をふまえた描写ではなく、それをもって歴史がわかったということには問題があるかもしれない。しかし、それでも時代考証という手続きが専門家によって担当されていることが通例であり、歴史好きの一般の人々にとっては、公共史の役割を担っていることは間違いない[11]。

最後に、歴史博物館である。これは前述のように、公共史定義の根幹に位置するメディアであり、「公共史イコール博物館」という単純化もあるほどである。たしかに、博物館は専門学芸員の存在を前提としており、多くの場合、専門研究者による組織がバックアップしており、その展示についての学術的信頼性は高い。また、学校教育で積極的に活用されることを想定して、子供から大人までの好奇心を満足させる工夫もなされている。

それでは、これまであげた三つのメディアのなかで、歴史博物館がもっとも公共史の理想を体現しているといえるだろうか。公共史の受け手である一般の人々にとっての接しやすさという点でランクづけるならば、テレビ番組(ドラマ、ドキュメンタリー)、概説書(歴史漫画、入門書含め)、映画、歴史博物館という順番になるのではないだろうか。もちろん、それぞれの中身によっても変わりうるが、テレビ(インターネットを含む)は、どの家庭でもスイッチをいれれば見られるという手軽さがある。書籍は書店の店頭で手に取れるという手軽さ、映画館も書店並みに身近であるし、テレビで予告映像が見られるという点で入口も広いという見方もできるので、この両者の差は微妙かもしれない。またＤＶＤも書籍同様に手軽に入手可能である。いずれにせよ、三つのメディアのなかで三番目に位置するのが、博物館である。

様々な工夫がなされている博物館は、いったん入館すれば前述のようなわかりやすいメディアの力を発揮できるが、そもそもそこに行くまでのハードルが高い。わざわざ行くという点では映画館も同様であるが、数が映画館より少ないため多くの場合自宅からは遠いという物理的問題がある。ただし値段という点では、映画より高いということは滅多にない。必然的に、学校などの集団見学の機会に限定されるケースが多い。内容的にはもっとも親しみがあり、かつ専門的な信頼性も高いが、実際上はもっともハードルが高いのが歴史博物館かもしれない。

3　ヨコの公共史

つぎに、ヨコの公共史という視点で、考えてみよう。ここでは、国境を越える歴史教科書をまず取り上げたいが、これについては議論の余地があるかもしれない。そもそも公共史の範疇に「教科書」を加えることが適当かどうか、という議論である。たしかに国によっては教科書は国定であり、その場合は教科書が描く歴史は Public history というより Official history――公式の歴史であって、本来の定義から外れてしまう。これはもっともな議論であり、すべての歴史教科書が公共史の範疇に入るわけではない、という点には同意したい。ただし、第7章で後述されるように、独仏間で史上初めての国境を越える共通歴史教科書が成立した過程には、政府による上からのリーダーシップだけでなく、下からのイニシアチブが重要な役割を果たしていた。この点にかんがみても、歴史教科書を公共史のカテゴリーのなかで論じることには問題がないと考えている。

編者はすでに、ドイツとフランスの共通歴史教科書の成立過程について詳細に検討したことがある[12]。その際、つねに念頭にあったのが、日本を含む東アジアへの応用可能性である。二〇〇六年に高校で使用される独仏共通歴史教科書が刊行された時は、史上初めての国境を越える共通歴史教科書として、また、長年の対立を乗り越えた独仏両国の歴史和解の到達点として大いに注目を集めた。事実、日本語訳もその二年後に出版されている。共通歴史教科書は一年一冊、高校三年間で計三冊が使用される。現代史を扱う第三巻に続き、二年後に第二巻の近代史、さらに三年後に第一巻の古代、中世史が出て完結している。二〇一六年には第二巻の日本語訳が出版されている。また、二〇一六年には、ドイツ＝ポーランドの共同歴史教科書の第一巻が出版されている[13]。

このように書いていくと、共通歴史教科書が順調に公刊されているかのようであるが、実態はかなり異なる。そもそもドイツ＝ポーランド共同歴史教科書は、独仏共通歴史教科書とほぼ同時に企画されたものの、教科書内容の指針を定めた仕様書ができたのは二〇一〇年のことであった。その後もポーランドの政権交代によるバックアップの後退などがあり、ようやく二〇一六年に刊行されたが、（九月にはじまる）二〇一六年度の現場での使用は確認されていない。また、先行した独仏共通歴史教科書も、アビバック学級[14]などの二言語学級での使用はあるものの、肝心の一般学級での使用が確認されていない。また、その後のフランスでのカリキュラム改変で、実際の使用はさらに困難になっている。なによりも象徴的なのは二〇〇六年に刊行された第三巻「現代史」は、一〇年以上経った今も改訂版刊行の話がきかれないという事実であり、教科書会社が事実上、採用を断念しているとみられても仕方がない状況にある。

国境を越えた歴史教科書はこの二例だけであるが、副読本であれば、多くの二国あるいは複数国の間ですでに実践がなされている[15]。東アジアにおいては、独仏共通歴史教科書とほぼ同時期に中学生向けの日中韓『未来をひらく歴史』が刊行され、さらに高校生以上を対象とした『新しい東アジアの近現代史』も出版されている[16]。ただ、いずれも教育現場での使用に困難が伴うのは、独仏共通歴史教科書の現状から考えても想像に難くない。

本書がとくに注目しているのが国境を越える歴史博物館である。具体例の紹介は、本書の中にゆずるが、ここでは、ヨコの公共史であると同時にタテの公共史、つまり二つの公共史の結節点に位置するような歴史博物館の意義を考えてみたい。

4　タテとヨコの交差――国境を越える歴史博物館

そもそもは、歴史的知識の啓蒙という役割を担っている――それ故に小中高生の見学先として格好の場所である――ことからもわかるように、歴史博物館はタテの公共史を代表する存在である。しかし、近年ヨーロッパにおいては、本書でも紹介するペロンヌ第一次大戦歴史博物館を皮切りに、国境を越える歴史博物館が次々に登場してきた。また、従来の博物館であってもたとえばドイツ連邦軍事史博物館、ロンドンの帝国戦争博物館等は近年の大幅な改修によって、かつての伝統的軍事博物館からは大きく展示の性格を変えている。たとえば改修前の帝国戦争博物館は、伝統的な国民国家的軍事博物館だったが、改修後は、開かれた博物館へと変わっている。とりわけ全四階のうち三階と二階の半分のスペースをしめるホロコースト展示は圧巻であり、一国史を超えたヨーロッパ史博物館というスタンスを明瞭に見てとることができる。改修前の帝国戦争博物館は、文字通り大英帝国の栄光を讃える博物館であり、比較が許されるなら、靖国神社の遊就館と比べても「遜色がない」展示であった。(17)

ちなみに遊就館について一言述べれば、展示品の多くに英語の解説が添えられたり、あるいは図録の英語版が刊行されたりするなど、近年一定の「国際化」の努力は見られる。しかしながら、問題は形式ではなく、その中身であり、そこにあるのは、文字通りの一国中心史観であるのは後述の通りである。

ただし、注意しなければいけないのは、「国境を越える」という発想の歴史博物館が登場したのは、ヨーロッパにおいても冷戦が終結してからということである。本書第4章吉岡論文で言及されているポーランドとドイツの国境地帯のシュレージエン地方の博物館についても、ドイツ側にはささやかな展示があるものの、ポーランド側は、政治的情勢を背景に計画が頓挫したという事情もあるように、ヨーロッパ内部においても道半ばではある。

東アジアにおける歴史認識が問題化したのは、一九八〇年代の日本の歴史教科書問題の時期からであるが、歴史博物館をめぐる状況もそれに呼応している。韓国の天安の独立記念館、中国の南京大虐殺紀念館の展示も、日本の植民地支配や侵略戦争を告発するという明確な目的で設立されており、この二つの歴史記念館と日本の遊就館は、いわば東アジアの状況を象徴している。遊就館の展示の最初に掲示されている年表は、プラッシーの戦い、つまりイギリスのインド征服から始まっており、日本の近代の戦争を西洋に侵略されるアジアの盟主として戦った戦争としてすべて肯定するというストーリーである。一方、韓国の独立記念館のキャッチフレーズは「日帝三五年、もう一つのアウシュヴィッツ」であり、三五年間の植民地時代をホロコースト等の「人道に対する罪」に匹敵するものとして描いている。南京の紀念館の最後に掲げられた結びのメッセージの中には、以下のくだりがある。「われわれは、国が弱ければ侵されるということ、巣がひっくりかえれば割れない卵はないということ、国家が侵略されれば、人民は災禍に遭うという歴史の教訓を、永遠に忘れてはならない。

帝国戦争博物館(ロンドン)

愛国主義の旗を高く掲げ、自ら励んでやまなく、未来を開拓し、中国の特色のある社会主義を実現するために、また、祖国の統一を実現し、世界の平和を守るために努力しなければならない」[18]。三つの記念館／博物館を同列に論じることの是非はともかく、三者のコンセプトに共通するのは、被害者意識に支えられた強烈なナショナリズムである。国境を越える歴史博物館とは、まさにこのようなナショナリズムから解放されることをめざす博物館なのである。

5　公共史の課題——吉見裁判が提起するもの

タテの公共史のなかで、歴史啓蒙書(学術一般書／概説書)は、すでに述べたように専門研究の成果を伝えるもっともオーソドックスな手段である。歴史博物館や歴史番組にくらべても、受け手側の関心が高く、専門研究者の側からすれば、もっとも望ましい公共史の実践であるという見方もできるだろう。とりわけ、新書は価格も手頃であり、出版不況の今日にあっても時にベストセラーを生み出す可能性をもっている。たしかに、かつてに比べ「新書」が氾濫し、一つの出版社が複数の新書を刊行するなど、その「権威」が大幅に低下したとはいえ、それでも大学での新入生向け推薦図書リストには欠かせないものである。

とはいえ、日本において、新書がしめるべき啓蒙書の役割が揺らいでいることを象徴する事件があった。吉見義明著『従軍慰安婦』(岩波新書、一九九五年)をめぐる名誉毀損裁判である。吉見氏は「慰安婦」問題の専門家であり、同書は英訳もされている[19]。事件は、橋下徹大阪市長(当時)の「慰安婦制度が必要なことは誰でもわかる」という発言をめぐって弁明のために開かれた二〇一三年五月の外国人記者クラブで起きた。同書を(橋下氏の「慰安婦」肯定問題理解のための)基本文献の一つとして挙げた司会者に対して、同席した桜内文城議員(当時)が、「これはすでに捏造だということが明らか〔なので参照すべきでない〕」という発言をしたのである。この模様を視聴した編者は、即座にこれは研究者への名誉毀損であると感じた。事実裁判が始まり、歴史研究者の間では広く支援の輪が広がった。ところが最高裁まで争われた裁判の結果は、いずれも吉見氏側の敗訴であった[20]。判決によれば、「当該発言は、教授の社会的評価を低下させるものであるが、論評にあたるため賠償責任を負わない」というものであった。つまり、裁判所の理解によれば、当該発言は、「慰安婦は性奴隷」という吉見教授の見解を否定したものであって、吉見氏の著書自体を捏造としたものではない、ということである。

発言が書籍に向けられたものであることは疑いようがなく、極めて違和感のある判断であるが、それとは別に一つの問題が浮かび上がってきた。つまり、吉見氏の新書が、巷に氾濫する多くの書籍の一つとしてみなされ、専門啓蒙書ないしは学術一般書としての地位が認められていないという問題である。書店にならぶ「慰安婦」に関する書籍は多いが、その大半は、「慰安婦＝商行為として「売春」をする女性」という大衆扇動スタンスの書籍であり、ごく一部の例外を除いて、専門教養書や学術一般書の名には値しない。想像するに、当該裁判の被告、桜内氏や、同氏を支持する人たちは、言論の自由の名の下に、歴史的事実についての評価は何でも許されており、逆に自分たちの見解や書物を「捏造」と批判されても何の痛みも感じない、ということではないだろうか。

ここに垣間見えるのは、専門書や、その研究成果である学術一般書と大衆扇動書との間に本来存在すべき明確な区分を否定する傾向である。事実、日本では大型書店の歴史コーナーに平積みされている書籍の多くが、大衆扇動／迎合書である。「間違いだらけの〜」「誰も知らなかった〜」「〜の陰謀」という書名が目立つ。書籍として出版された以上、書店に並べられること、そして売れ筋の本であれば目立つ場所に配架されることは当然かもしれない[21]。問題は、専門歴史研究の成果である学術一般書と、大衆扇動書が同じコーナーに置かれていることである。たとえば、フランスにおいても歴史専門家が書いた学術一般書だけでなく、大衆扇動書も存在する。当然

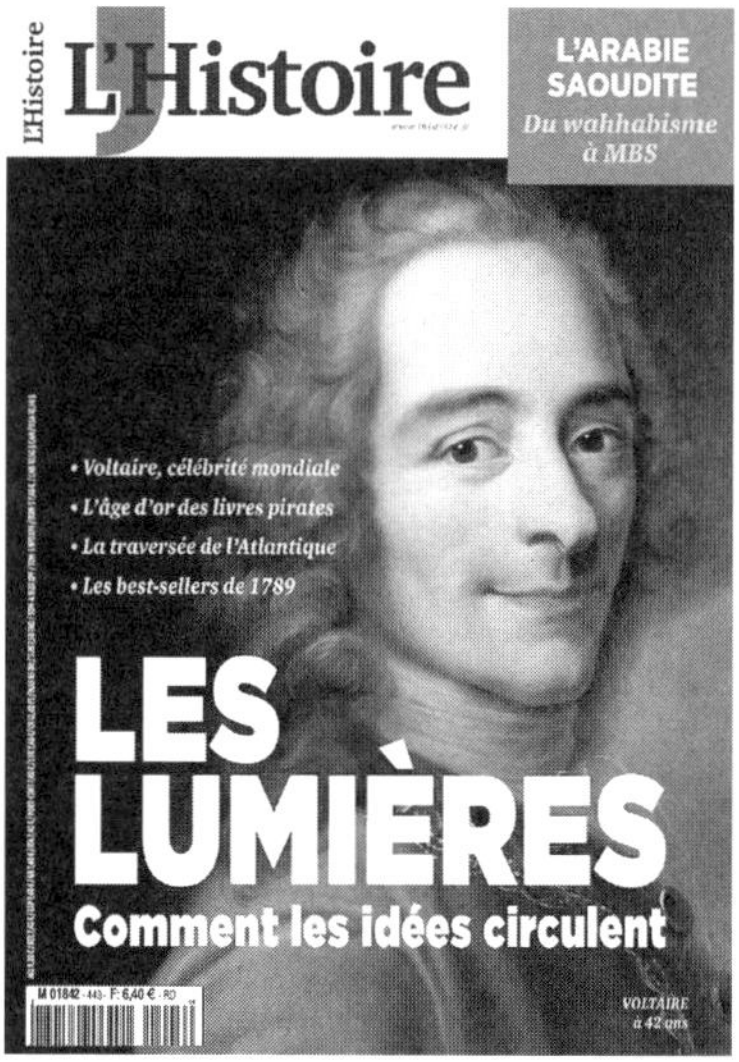

『リストワール』誌

後者の方がよく売れるが、配架されている場所は明確に区別されている。歴史研究の成果に触れたいと思う読者が、誤って後者を手に取る可能性は少ないのである。

6　フランスにおける公共史
――『リストワール』誌の例

ここで、フランスにおける公共史の実践の例を一つあげておこう。歴史教養雑誌『リストワール』の存在である。歴史好きな一般読者を対象にした雑誌は、日本にもフランスにも、実は数多く存在している。ただ、その大半は、専門歴史家というより、歴史ライター(historien ではなく historiant)[22]の手になるもので、日本の場合はとくに、軍事オタク向け、そして得てして歴史修正主義的な怪しげなものが少なくないのが実情である。それが、フランスでは、一九七〇年代の「新しい歴史学」ブームにのって、科学啓蒙雑誌『ルシェルシュ』(日本で言えば、竹内均が創刊した『ニュートン』誌)を出していた出版社が、一九七八年に『リストワール』誌を創刊した。フランスは、アナール派、「新しい歴史学」、そして「記憶の場」と、ほぼ一貫して二〇世紀後半の歴史学をリードしてきた国の一つだが、公共史の領域でいちはやく取り組んだのが『リストワール』誌であった。同誌の特徴については、フランスでもっとも発行部数の多い歴史雑誌『イストリア』と比べてみると明瞭である[23]。歴史的出来事の周年等に際して似た特集をすることが多い両誌であるが、執筆者が重なることがほとんどない。つまり前者は専門歴史家、後者は歴史ライターがその執筆陣の大半を占めている点に大きな違いがある。たしかに当初のスタンスに比べると、『リストワール』誌も、特集やスタイルが「大衆迎合的」になったという批判も一部にはある。[24] しかし、それでも歴史家に、その最新の専門研究の概要を記事にさせるなど、専門研究と一般読者とを架橋していることは間違いない。

7　本書の構成

本書の前半第Ⅰ部は、タテの公共史の視点をメインにすえた論考から構成されている。国内において、歴史の専門研究の成果を一般の人々に伝えるメディア、とくにテレビドラマと歴史博物館に注目する。

第1章（剣持）が扱うのは、フランスのテレビドラマ「フランスの村」である。このドラマは現時点では、日本語での視聴ができないので、内容紹介にも一定の紙幅を割いている。ドイツ占領下のフランスの表象については、レジスタンス神話全盛の時期が戦後二五年ほど続き、映像においてもそれが反映されていたが、神話崩壊のきっかけにおいても映像が果たした役割が大きかった。テレビ用に制作されながらも、その内容の過激さゆえに、一九七一年に単館上映されることになった映画『悲しみと憐れみ』は、レジスタンス神話を完膚なきまでに崩すものであった。そして、一九八〇年代には、対独協力の様々な側面、とくにユダヤ人迫害へのフランスの加担までもが映像化されるようになった。このような激変を経験した、占領期フランスの表象であるが、二一世紀にはいって落ち着きをみせるなかで、前面に登場したのが「適応」である。つまり、抵抗、協力に関わったフランス人は少数であり、その他圧倒的多数のフランス人は占領期には「沈黙」していたというのが、かつての共通理解であったが、それが「適応」という表象に取って代わられたのである。第1章では、この状況をもっともよく表現していると思われるテレビドラマとして「フランスの村」を紹介している。そこで描かれる人間像は、同じ人間のなかにも抵抗、協力がありえる、まさに時間と場所によって、「適応」する等身大のフランス人の姿が描かれ、また、映像のなかには、これまでの占領期映画で登場した様々な人物像が再登場するなど、占領期フランスについての集大成の表象であり、現時点での公共史の到達点と評価できるものである。

第2章(川喜田)は、ドイツのテレビドラマ「ジェネレーション・ウォー」の分析を通してドイツにおけるタテの公共史の姿を考察する。第二次世界大戦の最大の激戦である東部戦線、独ソ戦に参加した若者たちを中心に描いたドラマである。出征した国防軍将校や野戦病院に志願した看護師、彼らの友人のポップ歌手、そしてその恋人のユダヤ人などの五人。五人のうち三人が終戦まで生き延びるというストーリーであるが、注目すべきは、フィクションであると同時に、五人のモデルともいうべき実際の体験者の証言が加えられている、ドキュメンタリー・ドラマの体裁をとっているところである。ドラマはドイツ国内では概ね好評であり、ドイツ人の歴史認識の新たな段階を伝えるものとして注目されよう。とりわけ過酷な東部戦線の状況を直視するという、ナチス以外の普通のドイツ人の戦争犯罪へのまなざしは、「国防軍の犯罪」展以後の状況として興味深い。ただし、タテの公共史としての役割を果たしたこのドラマも、ヨコの公共史にまで至っていないことは、ポーランドでの放映の際の反響が物語っている。放映だけでなく、制作についても国境を越えていれば、さらなる公共史のステージに達していたかもしれない。いずれにせよ、川喜田氏が指摘する通り、「証言の時代」が終わったあとの時代における公共史のありかたを問題提起する作品である。

第3章(ヴィヴィオルカ)は、第1章でも言及したホロコーストの表象を、映画のみならずすべての表現手段を通じて検討している。ヴィヴィオルカ氏はフランスにおけるホロコースト(ショアー)研究の第一人者であり[25]、アウシュヴィッツのフランス展示ブースの責任者としても知られている。第3章の論文は、二〇一三年三月二七日に東京大学駒場キャンパスで開催された国際シンポジウム「ショアーの表象〜アネット・ヴィヴィオルカ氏を迎えて」でのヴィヴィオルカ氏の基調講演を加筆修正したものである。公共史が伝える歴史事象の中でも、群を抜いて重要な課題であるホロコースト(ショアー)についての貴重な考察である。

第4章(吉岡)は、冷戦後のポーランドにおけるタテの公共史を、歴史認識「パッケージ」の競合という視点で分析する。社会主義時代には、「ソ連規格」という公式の歴史認識「商品」しか許されなかったのが、体制転換後には、一方で和解の共同体たるEU加盟を推進する「EU規格」の歴史認識が、もう一方でソ連規格の反動としてのナショナリズムに支えられた「民族の規格」による歴史認識パッケージが登場する。この二つの歴史認識は、そのまま、政治的立場とつながり、ポーランドの被害者的歴史認識に加害者としての認識をどう交錯させるかが、国民全体を巻き込む問題となっていく。第4章は具体的に戦後のドイツ人「追放」問題の表象に注目している。つまりタテの公共史だけでなく、ヨコの公共史としても注目されている「追放」をめぐる歴史博物館の現状を考察している。とりわけ、体制の歴史認識の保守化を契機に、公式の歴史認識機関である国民記憶院を辞した歴史家マフツェヴィチの行動からは、「消費者受け」をする歴史認識を提供する保守派や、ナショナリズムを単純に断罪するだけではなく、専門的歴史家の側にこそ果たすべき役割があるという、公共史実践の姿が垣間見える。

日本の戦争博物館を対象としている補章(ヴィルジリ)は、ヨーロッパをおもな対象地域としている本書のなかでは異質かもしれない。しかしながら、本書であつかうタテ、ヨコの境界を越える試みであるヨーロッパの歴史博物館を考える際の比較参照系として、日本の博物館のあり方は重要であり、その現状を考えるうえでの格好の素材を、ヴィルジリ氏は提供している。もちろんフランス人の目からみた検証が万能であるとは思わないが、外部からの批判的視点は貴重である。たとえば遊就館の問題点は、一定の知識のある人にとっては自明かもしれないが、広島平和記念資料館の普遍的な平和メッセージについては、多くの人が納得しているのではないだろうか。

しかし、それを比較の俎上にのせるとき、両者ともに犠牲者への眼差しのみが強調されているという批判もありえるという点に気づかされる。ヴィルジリ氏は、二〇一二年に自らの目でみたレポートにくわえて、「ピースおおさか（大阪国際平和センター）」の展示改変などの情報もくわえた原稿を寄せてくれている。同氏は、戦争におけるジェンダーの問題の専門家であり、本書への寄稿でもその視点は生かされている。(26)

本書の後半、第Ⅱ部では、ヨコの公共史に軸足をおいたテーマに取り組んでいる。国境を越えた公共史に注目するが、いずれの場合においても、程度の差はあれ、それぞれの国内における専門家と一般の間のタテの公共史にも関わってくる。

第5章（オードワン＝ルゾー）は、タテとヨコの公共史が交錯する、国境を越える歴史博物館、ペロンヌ大戦歴史博物館、通称ペロンヌ歴史博物館に注目する。筆者は、ペロンヌ歴史博物館の国際研究センター所長、つまり博物館展示のアカデミックな責任者である。同博物館については、簡単な紹介(27)を別にすれば、日本でもほとんど紹介されたことはない。西部戦線の激戦地に、交戦当事国のフランス、ドイツ、イギリスの研究者が設立準備に参加したペロンヌ歴史博物館が開館してすでに四半世紀が過ぎている。本稿では、歴史研究の成果を反映した博物館の紹介にとどまらず、博物館展示が果たした歴史研究への貢献が語られている。オードワン＝ルゾー氏らの研究は、戦争が日常生活に入り込む戦争文化の姿を明らかにしたことで知られているが、なかでも子供の玩具は具体的な物証として挙げられ、これは仏独共通歴史教科書にも図版として取り入れられている。子供たちを「戦争に関わらせる手助けとして製作された玩具の発見なしには、子どもの世界を中心とする筆者の研究は考え付かなかった」という告白は、まさに博物館展示から研究へのフィードバックに他ならない。もちろん、博物館は「完成」したわけではない。同氏が最後に博物館のリニューアルについて述べているように、歴史研究の最新の成果を反映して、展示が将来にむけて開かれ、可変的であることも、国境を越えた博物館の特徴であり、ヨコとタテの公共史の結節点であることの表れであろう。

第6章(西山)は、地方の歴史博物館に注目する。国境を越える歴史博物館、タテとヨコの公共史が交錯するのは、大規模な歴史博物館だけではない。第6章が焦点をあてるのは二〇〇五年に設立されたアルザス・モーゼル記念館である。ドイツに併合されたアルザス・ロレーヌ地方の歴史の中で、同記念館の中心的展示対象は第二次世界大戦期である。そこではナチス・ドイツによる「不本意召集兵」を犠牲者として記憶する地域ナショナリズムがにじむ展示となっている。第6章は、近年相次いで同地方に開館した普仏戦争と第二帝政期をテーマにしたグラーヴロット博物館や第一次大戦をテーマにしたアルトマンスヴィレールコプの独仏大戦記念館との比較も視野に入れつつ、地方博物館における公共史のあり方を考察する。そこで垣間見えるのは、国境を越えるということが必ずしもナショナリズムを超越することに直結するわけではないということ、ヨーロッパ志向と地域意識の強化という二つのベクトルが共存する姿でもある。

第7章(近藤)は、ヨコの公共史のもっとも目に見える実践である、ヨーロッパの歴史対話に注目する。具体的には、これまでドイツを中心とした歴史対話の主役として重要なアクターであったゲオルク・エッカート国際教科書研究所の形成過程を分析している。いずれも共通歴史教科書に至る歴史対話を実践してきた、独仏とドイツ＝ポーランドの二つの二国関係の間には、たしかに共通点は少なくないものの、実は大きな差異が存在する。一つは両大戦間期および戦後一九五〇年代と現在の連続性の有無である。前者は、(ドイツ側の断絶が一時あるものの)基本的に連続性が確認できるのにたいして、後者については、基本的には、一九七〇年代にはじまった交渉は、それ以前の流れの再開とは見なせない。そしてもう一つの違いは、一九七〇年代にはじまった独ポの対話は、西ドイツの外交政策と不可分であり、政府の大きな関与があるという点である。近藤氏の分析からは、西ドイツ外務省とニーダーザクセン州の間での影響力行使のかけひきのなかで、結果的に研究所が自律性を担保しつつ、歴史対話をすすめていく姿がみえてくる。一見、東アジアの状況とは隔絶しているとみられがちなヨーロッパにおける歴史対話を相対化することで、公共史の現実的な射程が垣間見えている。

（1）"Les exagérations de François Fillon sur les programmes d'histoire à l'école", *Le Monde*, le 29 août 2016.

（2）昭和史論争については、以下を参照。黒沢文貴「再考・戦後の日本近代史認識――昭和戦前期の「戦争の構造」と「歴史の構造」をめぐって」『東京女子大学比較文化研究所附置丸山眞男比較思想研究センター報告』一〇号、二〇一五年。

（3）"Public History Redux", *Public History News*, September, 2007.

（4）Cf. "HOW DO WE DEFINE PUBLIC HISTORY?", http://ncph.org/what-is-public-history/about-the-field/（二〇一六年一二月二七日閲覧）。

（5）Peter Novick, *That Noble Dream: The 'Objectivity Question' and the American Historical Profession*, Cambridge U. P., 1988, pp. 510-521.

（6）同大学は、二〇一六年一一月には公共史をテーマに国際会議を主催している。"Table ronde internationale: L'Histoire fait-elle vendre ?", Université Paris-Est Creteil, le 18, 19 novembre, 2016.

（7）欧州大学院ＥＵＩにおいても、二〇一五年に「公共史とメディア」をテーマにワークショップが開催され、二〇一七年六月にはＩＦＰＨの第四回大会がイタリアのラヴェンナで開催された。

（8）ただし、二〇一六年の歴史学研究会大会特設部会(「歴史研究の成果を社会にどう伝えるのか――「社会的要請」と歴史学」)は、「公共史」を掲げないながらも、公共史の問題意識に基づく企画であった。『歴史学研究』九五二号、二〇一六年を参照。

（9）価格をメルクマールにすることには異論があるかもしれないが、公共史の定義として、購入対象として考えうるというのは重要な要件であると考えられる。つまり、四〇〇〇円、五〇〇〇円の専門書は、専門研究者は購入を厭わないかもしれないが、その内容に関心をもつ意識の高い学生でも、まず図書館で利用するというのが一般的であるからである。編者の個人的感覚では、学生に講義や演習の共通テキストとして購入させる際の価格の目安は、二〇〇〇円台が上限である。

(10) NHKが放送したドキュメンタリーシリーズのタイトル。一九九五年から一九九六年にかけて一一回の放送があった。二〇一五年から二〇一六年にかけては六回にわたって、「新・映像の世紀」、さらに二〇一六年から二〇一八年にかけては、八回にわたって「映像の世紀プレミアム」が放送されている。

(11) 歴史ドラマと情報番組を組み合わせた試みとしては、「歴史実況中継」いわばタイムマシン手法がある。「古舘トーキングヒストリー忠臣蔵」テレビ朝日、二〇一六年一二月一〇日放送。

(12) 剣持久木、小菅信子、リオネル・バビッチ編著『歴史認識共有の地平――独仏共通教科書と日中韓の試み』明石書店、二〇〇九年。

(13) *Europa Unsere Geschichte 1*, Edversum, 2016; *Europa Nasza historia 1*, WSiP, 2016.

(14) フランスの大学入学資格バカロレアとドイツの大学入学資格アビトゥーアの取得を同時に目指すクラスで、歴史は相手国(フランスの学級ではドイツ、ドイツの学級ではフランス)の言語で学習する。

(15) フランス・アルジェリア、旧ユーゴ、パレスチナ・イスラエルなど。

(16) 『新しい東アジアの近現代史』については、近藤孝弘氏や編者が参加したシンポジウムの記録を参照。「小特集　国境を越える歴史認識を求めて――日中韓3国共同歴史編纂委員会編『新しい東アジアの近現代史』から学ぶこと」『歴史学研究』九一〇号、二〇一三年。

(17) 遊就館は、厳密には博物館ではなく神社付属宝物館という位置付けであり、学芸員もいない。

(18) 二〇一六年九月一一日に編者が現地を訪問して確認した。

(19) Yoshimi Yoshiaki, *Comfort Women: Sexual Slavery in the Japanese Military During World War II*, Columbia U. P., 2002.

(20) 「吉見教授の控訴を棄却　桜内元議員の発言めぐり」『朝日新聞』二〇一六年一二月一六日。

(21) もちろん、書物の内容に明らかな捏造や名誉毀損がある場合は、別問題である。ただし、韓国における朴裕河裁判のように、歴史叙述が刑事事件の訴追対象になってしまうのは、これはこれで問題である。

(22) フランスにおける歴史家 historien と歴史ライター historiant の違いについては、拙稿「フランス現代史叙述と「過去の克服」――パポン裁判と歴史家たち」『歴史学研究』七一四号、一九九八年を参照。

(23) 両誌の比較については、Cf. Laurène Pain Prado, *La question de l'histoire grand public: étude comparée de deux magazines d'histoire: 'Historia' et 'L'Histoire', 2004-2008*, Université Pierre Mendès France, Grenoble II, UFR Sciences humaines, 2010(Mémoire de Master 2 "Sciences humaines et sociales")。

(24) Gérard Noiriel, *Les fils maudis de la République. L'avenir des intellectuels en France*, Fayard, 2005. p. 156.

(25) Annette Wieviorka, *Déportation et génocide. Entre la mémoire et l'oubli*, Paris, 2003. 邦訳書としては、アネット・ヴィヴィオルカ『娘と話す　アウシュヴィッツってなに?』山本規雄訳、現代企画室、二〇〇四年。さらに、アウシュヴィッツ博物館についての論文がある。「アウシュヴィッツをおとずれること」竹沢尚一郎編著『ミュージアムと負の記憶　戦争・公害・疾病・災害――人類の負の記憶をどう展示するか』東信堂、二〇一五年。

(26) Cf. Fabrice Virgili, *La France "virile". Des femmes tondues à la Libération*, Paris, 2000.

(27) 以下の書の訳者解説を参照。ジャン=ジャック・ベッケール、ゲルト・クルマイヒ『仏独共同通史　第一次世界大戦(上・下)』剣持久木、西山暁義訳、岩波書店、二〇一二年。

第Ⅰ部　タテの公共史

第1章　映像の中での公共史
――「フランスの村」にみる占領期表象の現在

剣持久木

はじめに

公共史において映像が果たす役割の重みについては、いまさら強調するまでもないかもしれない。二〇世紀初頭に無声映画が、さらに一九二〇年代からはトーキーが登場して以来、映像自体が現代史の同伴者であったと言っても過言ではない(1)。そして映像は、事実を正確に伝えるメディアとしての信頼性を確立する以前に、政治的プロパガンダの道具としての存在感を示してきた(2)。したがって、映像は、公共史のメディアの一つであると同時に、公共史研究の対象、つまり批判的分析の対象でもある。本章では、第二次世界大戦期のフランス、いわゆる占領期についての映像を公共史の実践という視点で考察する。その際に、解放後のフランスが、過去としての占領期を映像でどのように表象してきたのかという過程を概観し、ついで、二〇〇九年から二〇一七年にかけて放映され、現時点での占領期表象の到達点として評価されているテレビドラマ「フランスの村」を検討する。最後に、映像としての公共史の射程を、現代史を対象とした他の映像の考察もまじえて総合的に議論してみたい。

1　映像の中の占領期表象

ドイツ占領期を扱った映画はフランスでこれまで数多く制作されてきた。そして、当然のことながら、それらは制作時期における占領期の表象そのものであった。筆者はすでに、戦後フランスの歴史を、占領期の傷跡とのかかわりで振り返ったことがある[3]が、その時点では、解放直後の時期、ドゴール復帰後のレジスタンス神話全盛期、レジスタンス神話崩壊期の三期に時期区分していた。それからすでに三〇年以上が経過したことで、レジスタンス神話崩壊後から現在までの時期を二つに分ける五つに時期区分するのが適当であると考えるに至っている。本章では、便宜的に解放直後からレジスタンス神話全盛期、神話崩壊期、「人道に対する罪」注目期、「適応」期の四つに区分して振り返る。

①解放直後からレジスタンス神話全盛へ

狭義のレジスタンス神話全盛の時代は、ドゴール復帰後の第五共和国最初の一〇年間を指すが、映画の世界では、解放直後、つまり臨時政府そして第四共和国の時代からレジスタンス賛美の映画が席巻している。まずあげられるのが『鉄路の闘い』(一九四五)であろう。フランス国鉄の鉄道員のレジスタンス活動を描いている。また、抵抗文学の金字塔であった『海の沈黙』も映画化されている(一九四七)。さらに、レジスタンス映画とは趣を異にするが『禁じられた遊び』(一九五二)は、フランスが僅かながらに戦争に関わった時期のいわゆる潰走の際の子供を主人公にした名作で、ナルシソ・イエペスのギターによる主題曲とともに、筆者にとっても思い出深い作品である。そして、レジスタンス神話の集大成は、『パリは燃えているか』(一九六六)であろう。こちらも音楽の方が有名になったが、カーク・ダグラス、イブ・モンタン、ジャン＝ポール・ベルモンドそしてアラン・ドロンというオールスター総出のアメリカとの合作映画である。ちなみにこの映画の公開の二年前、一九六四年は、ドゴール大統領によってレジスタンスの英雄ジャン・ムーランのパンテオン移葬儀式が挙行された年でもあり、レジスタンス神話の最盛期といってもいいだろう。[4]

②『悲しみと憐れみ』の衝撃——神話の崩壊

ドゴールの統治が一〇年目を迎えたところで、戦争を知らない子供たち、いわゆる戦後ベビーブーマーの世代が大学に入る頃、六八年五月革命が起こる。デモ隊のスローガン「ＣＲＳ＝ＳＳ」が象徴するように、若者たちはドゴールの正統性の源であるレジスタンス期の活動を知らないがゆえに、（ＣＲＳ機動隊をナチ親衛隊に准える）タブーを破ったのである。そしてドゴールの正統性が否定されるのと同時に、それまで占領期表象を独占してきたレジスタンス神話が音を立てて崩れていくことになる。映像では、『悲しみと憐れみ』（一九六九）の登場である。[5]当初は、フランス国営テレビからの依頼で制作された占領期についてのドキュメンタリーであるが、その内容の「過激さ」にテレビ局が放映を断念し、かわって後に映画館で単館上映されている。そこで描かれたのはペタンを国民が敬愛し、様々な対独協力が展開されている占領下のフランスの姿である。とくに

『悲しみと憐れみ』（公開時のポスター）

当時のドイツ占領当局や、ドイツ軍の関係者へのインタヴュー、さらには武装ＳＳに加わっていた自称ファシストの発言など、現在みても挑発的な構成であった。テレビ放映に関しては、一九八一年にようやく一度実現しているが、その次の放映は一九九四年であった。筆者の個人的記憶であるが、一九八〇年代末のフランス留学時代に、テレビ欄に放映予告が載ったものの直前に取り消されたことがあった。これは、同映画の衝撃度がいかに大きかったのかを物語っている。

一九七〇年代のフランスは、映像における『悲しみと憐れみ』、書物におけるパクストン革命によって特徴付けられる(6)。アメリカ人研究者ロバート・Ｏ・パクストンが、ヴィシー政府の主体的な対独協力政策を実証した『ヴィシー時代のフランス』（原著は一九七二）によって、それまで有力だったペタンの面従腹背説を一掃した、研究史上に文字通り革命的画期をしるしている。この時代の空気を象徴するのが、一九七四年公開の『ルシアンの青春』である。巨匠ルイ・マルの問題作でもあり、また、脚本を彼と共同執筆したのが、のちにノーベル文学賞を受賞することになるパトリック・モディアノである。不良少年ルシアンは、レジスタンスに加えてもらえなかった腹いせに対独協力者としてユダヤ人狩りに参加し、しかし最後にはユダヤ人少女への恋心から、ドイツ兵を射殺して逃避行する。レジスタンスと対独協力を善悪で区分けせず、無軌道な若者の軌跡として描くストーリーは、レジスタンス神話の価値観を根底から揺さぶる挑発的なものであった。この時代には、対独協力者の実態の暴露が前面にでる傾向があったが、これは必ずしもレジスタンスの存在感を否定するというものではなかったことには注意したい。一九八〇年に制作された『終電車』は、フランソワ・トリュフォー監督のもと、カトリーヌ・ドヌーブとジェラール・ドパルデューというフランス二大スターが共演した作品であったが、そこで描かれたのは対独協力者の演劇批評家とそれに抵抗する演劇人、そしてユダヤ人も登場するという構成である。ナチス占領下のパリの演劇界を舞台に文字通り役者がそろった内容であるが、後述する『レセ・パセ』と比べると、レジスタンスに重点が置かれた映画という印象はある。

③「人道に対する罪」への注目

ところで、これらの映画の中でもユダヤ人迫害問題は登場するが、あくまでサイドストーリーとしての位置付けであった。しかし、一九八〇年代になると、これを正面から扱った映画が登場する。この背景には一九八〇年代末のバルビー裁判に始まる一連の「人道に対する罪」裁判があることは間違いない。つまり、レジスタンス神話がくずれ、対独協力告発が前面に出てくる中でも、被害者としてのユダヤ人の存在がすぐにクローズアップされたわけではない。レジスタンスの英雄、ジャン・ムーランを拷問死させたSS大尉クラウス・バルビーの罪を裁こうとしたものの、時効成立の関係で、結局時効のない「人道に対する罪」が適用され、ユダヤ人虐殺の罪が裁かれることになったバルビー裁判が契機となったのである。⑦ バルビーにつづいて九〇年代に入ると、元ミリス（対独協力民兵）隊員のポール・トゥーヴィエ、そして元ジロンド県事務総長としてユダヤ人移送に関わりながら、戦後は警視総監、財務大臣にまで上り詰めたモーリス・パポンの裁判が実施された。その過程でのクライマックスが、一九九五年七月の大統領シラクの演説である。一九四二年七月のパリでのユダヤ人一斉検挙、いわゆるヴェルディブ事件の追悼セレモニーで「その日フランスは取り返しのつかない罪を犯しました」と述べ、フランスのユダヤ人迫害への加担を公式謝罪したのである。

こうした情勢を背景に制作された映画が一九八八年公開の『さよなら子供たち』である。ラストシーン、修道院の寄宿学校で匿われていたユダヤ人の子供たちとともにゲシュタポに連行される神父が、残された子供たちに発した「さよなら子供たち（オールヴォワールレザンファン）」は、誰もが感動で涙するシーンであり、いわば家族揃って感動できる名作であった。注目すべきは、この映画の一五年ほど前に、同じ監督、ルイ・マルが前述の

『ルシアンの青春』を撮っていたということである。そして両者ともユダヤ人迫害がテーマになっていながら、見終わった印象は全く異なる。『ルシアンの青春』はまさに挑発的にタブーに挑戦するというタッチであったのに対して、『さよなら子供たち』は万人向けの趣である。意地悪な批評家は、ルイ・マルが丸くなった、ヌーヴェルヴァーグの前衛から大衆迎合に成り果てたと批判するところかもしれない[8]が、私見では、重要なのは監督の変化ではなく、フランス社会の変化である。つまり七〇年代前半の時期は、まさにレジスタンス神話のタブーが破られつつある時期であったのに対して、八〇年代後半には、それはもはやタブーではなく、国民全員が共有できる過去になったということであろう。

④「適応」という表象

さて、このように、七〇年代に起こった占領期についての神話の崩壊、タブーへの挑戦が、定着、一般化したのが八〇年代、九〇年代であるが、二一世紀になると新たな状況が見えてくる。その際のキーワードとなるのが、スイス人研究者フィリップ・ビュランが提唱した、適応 accommodation である[9]。これは、占領期の、少数の抵抗者、少数の対独協力者以外の圧倒的多数のフランス人の姿をどう表象するのかという問題についての考察である。この問題については、レジスタンス神話全盛の時代はもちろん、対独協力告発の時代にあっても、「沈黙」という言葉で表現されることが通例であった。この「沈黙」という表象は、前述のレジスタンス文学の金字塔『海の沈黙』を引き合いにだすまでもなく、限りなく「抵抗」――つまり、心中での不服従のニュアンスが強い。これにたいして、「適応」は、より中立的な表象、場合によっては、「対独協力」容認に近い表象であり、占領期のフランス人は、その場の状況に適応してたくましく生き抜いたという姿である。ここで重要なのは、場合によっては「協力」行為も含む「適応」が決して、ネガティブなニュアンスを負わなくなったということである。

この「適応」をもっとも明確に表現した映画が、『レセ・パセ』[10](二〇〇二)である。映画制作会社を舞台に、占領下の適応が描かれているが、それは、二〇年前に制作された演劇の世界を扱った『終電車』での、沈黙、抵抗とは大きく様相を変えている。もちろん、二つの業界の実際の占領当局との対応の差も存在したであろうが、重要なのは、「適応」が決して、ネガティブな告発としてではなく、占領期のフランス人のありのままの姿として描かれているということである。つまり、対独協力のタブーが破られた七〇年代、八〇年代に描かれた占領期の姿は、抵抗と協力の二項対立、善悪二元論に単純化される傾向があったのが、両者も含めて等身大のフランス人の姿が描かれる可能性がここで登場したのである。そして、二〇一〇年代の現在では、後述する「フランスの村」をはじめ、レジスタンスの英雄が主人公の映画『シャトーブリアンからの手紙』(二〇一二)、そして占領軍ドイツ将校と親しくなるフランス人女性のストーリー『フランス組曲』(二〇一四)も、「適応」表象の延長線上で理解することができる。[11]

『レセ・パセ』日本語版 DVD の表紙(ハピネット・ピクチャーズ, 2003)

『シャトーブリアンからの手紙』の主人公は、最年少の一七歳で人質として銃殺されたギー・モケである。監督はドイツ人であるが、ルイ・マルと近しく主にフランスで映画制作をしてきたフォルカー・シュレンドルフである。彼もまた若い頃には、『ブリキの太鼓』のような、挑発的なナチ時代告発の映画を撮っているが、『シャトーブリアン』も、ルイ・マルの『さよなら子供たち』同様、(人質の銃殺という)悲劇を扱いながらも、万人がみて感動できる作品となっている。そして、さらに注目すべきは、主人公ギー・モケを英雄としてではなく、等身大の少年として描いた点である。監督自身も認めているように、この背景には、映画制作開始時に大きな話題となっていたサルコジ新大統領による、ギー・モケ遺書の朗読指示に対する反発があったことは間違いない⑫。しかし、そうした監督の個人的思い入れ以上に、この映画を特徴付けるのは、レジスタンスそのものを描きながらも、抵抗か協力かという善悪二元論では描かず⑬、ドイツ占領軍、銃殺者名簿を作成する副知事もふくめて、登場人物たちの行動が、状況の中で自然に描かれている点である。

『フランス組曲』は、占領下で強制収容所に送られたユダヤ人女性作家の遺稿をもとにした小説の一部が映画化されたものである⑭。映画は、夫が戦争捕虜になったブルジョワのフランス人女性が、村に駐屯したドイツ軍将校に宿泊先を提供し、いつしか恋におちるというメロドラマである。以前であれば、この女性の行為は解放時に反逆行為として糾弾され、丸刈りにされるものであったが、映画には、そのような政治的、道徳的非難の色彩はない。もちろん、文学作品における道徳性の有無を論ずるのは無意味かもしれないが、ここでも注目すべきは、映画の受容という側面である。つまりそこではスキャンダラスな禁断の恋という印象よりも、一人の女性のたくましい姿として受け入れられているのである⑮。

このように、占領期のフランス人の様々な姿、抵抗から、ドイツ軍将校との恋愛までをも、いずれも等身大、あるいは「適応」として、だれもが感情移入できるように描くようになったのが、現在の占領期表象といっても過言ではない。

それでは、つぎに、このような傾向の集大成といってもよい、「フランスの村」(二〇〇九―二〇一七)の内容をみてみよう。

2　「フランスの村⑯」

①舞台設定

まず舞台設定からみていこう。このドラマの特徴は、完全なフィクションであるということにある。しかし、後に述べるように、フィクションだからこそ、占領期のフランス社会のありのままに近い姿を再現しているという印象を与えることに成功している。舞台は、ドイツ軍占領地域と非占領地域の境界線に接したジュラ県の架空の郡ヴィルヌーヴが舞台である。この場所が舞台に選ばれたことには物語の展開上、大きな意味がある。境界線、さらにはスイス国境に接しているということで、占領期の状況変化に伴う人の移動がストーリーに活用できること、また郡の規模は、ドイツ軍司令部が置かれる程度の大きさがあり、そこで占領軍(国防軍)と保安部隊(親衛隊)が並列するという、一地方でありながら、占領当局側の二重構造が現れるという舞台設定である。そして、長編ドラマの利点として、数多くの「主人公」が登場する、群像劇にすることが可能ということがある。

それでは、群像劇を構成する、登場人物たちを紹介しよう。まず、舞台の町、ヴィルヌーヴの町長をつとめるダニエル・ラルシェである。医者でもあり、占領期を通じて誠実に行動する、視聴者がもっとも感情移入しやすい主人公といってよいだろう。弟のマルセルは、共産党系レジスタンスに入り、妻オルタンスは、親衛隊保安部のミュラーの愛人となるなど、複雑な人間模様の交差点に位置している。彼もまた、潰走時に保護した赤ん坊を、実父が現れても返さないという人間的な弱みをもっていた。

つぎに、製材所を経営するレイモン・シュヴァルツ。彼は、占領軍の依頼で製品を製造する、対独経済協力者であるが、従業員がレジスタンスに加担するのは黙認している。そして彼自身は、出征中で生死不明の小作人の

左からドイツ軍地区司令官，親衛隊長ミュラー，町長ダニエル・ラルシェ(「フランスの村」シーズン 3)

妻マリー＝ジェルマンとの情事に溺れる、きわめてフランス人的設定であるが、彼自身も途中からレジスタンス組織のマキ(17)に協力し、次第にレジスタンスに傾倒していく。対独協力者とレジスタンスを善悪二元論で切り分けられない複雑さを、一人の人間で体現させている、重要な登場人物である。ちなみに、彼の妻は途中から、ラルシェから町長の座を奪う対独協力主義者シャッサーニュの愛人、のちに妻になっている。

さらに、町の警察署をみてみよう。ここには二人の重要な登場人物が勤務している。署長のアンリ・ド・ケルヴェルンは、早くからレジスタンスに通じ、ユダヤ人女性を匿い、物語の終盤には、ドゴール派の郡長として町に戻ってくる。もう一人のジャン・マルケッティは、ケルヴェルンの部下の時代から、共産党員取り締まりに情熱を燃やし、忠実な対独協力者となる。ただ、その彼もユダヤ人女性の愛人を匿い、スイスに逃亡させるなど人間的な側面は示している。彼は、末期の混乱の中で、レジスタンスの女性で、前述のシュヴァルツの愛人でもあった、マリー＝ジェルマンの処刑に直接手を下したことで、粛清時の最大の標的の一人となる。

ドラマの中でもっとも重要な舞台を提供するのが、町の小学校である。学校の敷地の一部がドイツ占領軍の施設として接収され、またユダヤ人移送の際には一時収容所となり、解放時には粛清裁判が行われるなど、全編を通じて重要な舞台となる。ユダヤ人ということで職を奪われた校長の後をついだ教頭のジュール・ベリオと、のちにその妻となる女性教師ルシエンヌ・ボルドゥリも、ドラマ全編を通じた主人公であり、視聴者の感情移入の対象となることが想定される。ルシエンヌは、当初占領軍兵士と恋に落ちるも、兵士の東部戦線転属後にはベリオの求婚を受け入れる。ベリオは当初、典型的なペタン派であったが、後半にはレジスタンスに傾倒し、最後にはドゴール派の責任者として町にもどり、対独協力民兵団ミリスに襲われ意識不明になったケルヴェルンに代わってヴィルヌーヴの郡長となる。

ペタン派の登場人物として重要な役割を演じているのが、解放時に職を奪われるまで一貫してヴィルヌーヴの郡長の職にあった、セルヴィエである。中央集権的なフランスの地方行政の末端官吏であり、先述のラルシェの上司でもあり、地元のドイツ占領当局との交渉の際のフランス側の代表である。占領当局との交渉者としてのフランス行政官といえば、『シャトーブリアンからの手紙』の中で人質名簿提出で苦悩する副知事ルコルヌが想起される。映画の中で明確に善人として描かれている(実在の本人は戦後抵抗勲章を授与されている)ルコルヌに比べると、セルヴィエは従順な官吏という印象が強いが、ユダヤ人女性の救出に尽力するなど、ぎりぎりの場面では人間性を垣間見せている。全編を通じて地味な役割を演じているが、悪人でも善人でもない普通の人間の占領期における「適応」を演じているという点では、表の主役ラルシェにたいして、裏の主役ともいってよいだろう。

さて、ドイツ占領当局側については、これまで占領期のフランスを描く数多くの映画を通して、一つのイメージが確立してきている。つまり、規律正しいドイツ軍の占領行政と、過酷な親衛隊による保安体制である。要は軍とナチスの峻別である。これについては、「国防軍の犯罪」展[18]などで明らかなように、単純な色分けはできないというのが最近の通説であるが、本作品においては大枠では、これまでのイメージを踏襲した構成になっている。最初に赴任した地区司令官ヘルムート・フォン・リッターは典型的な厳格なプロイセン軍人で、ドイツ兵士殺害への報復としての人質名簿提出を求めているが、親衛隊のミュラーのような、住民の反感を買うような余計な抑圧措置には反発している。また前述のシュヴァルツにドイツ軍の資材を発注し、彼との間には個人的信頼関係を築いている。これに対して親衛隊保安部のハインリヒ・ミュラーは、典型的な悪役で、逮捕者の自白を強いる際にはサディスティックな拷問者となっている。とはいえ、全編を通じて存在感を示す彼の人物像については極めて丁寧な設定をなされている。途中から愛人となるラルシェの妻オルタンスとの関係の中では、第一次大戦で負った背中の古傷の激痛を鎮めるモルヒネをラルシェの診療室から盗ませたり、あるいは解放時にはオルタンスと逃避行を企てたりするなど、人間的な弱みもみせている。

占領期のフランスにおける悪役といえば、フランス版ゲシュタポとして悪名高かったミリス（民兵）の存在がある。本作品の後半でも、ユダヤ人狩りやレジスタンス狩りで重要な役割を果たすが、注目すべきは、その構成員一人ひとりについても丁寧な人物描写がなされていることである。たとえば、ドイツでの強制労働奉仕（STO）[19]忌避者のアルバンが、他の仲間がマキに入る中でミリスに加入する経緯は、映画『ルシアンの青春』の主人公の軌跡を想起させるが、彼の場合、レジスタンス狩りの際に、かつての仲間で抵抗運動のリーダーになったアントワーヌを故意に見逃すなど、より「人間的」である。また、ミリスの最後のリーダー、ブランションは、前任者の狂信的ファシスト像とは異なる、普通の人物として描かれている。

もちろん、すべての登場人物に視聴者が感情移入できるわけではないが、これまでの占領期を描いてきた作品の中では、善悪二元論からもっとも解放された演出が特徴的である。それでは、次に作品の流れを追っていこう。まず特徴的なのは、二〇〇九年から、毎年一つないし二つのシリーズ（シーズン）が制作、放映されることで占領期の期間とほぼ同じ時間を並行して進行していることである。そのため人物、とくに子供の成長をリアルタイムで追うことができている。とくに、ラルシェの甥のギュスターブなどの子役の演技は特筆すべきであろう。

②シーズン１

二〇〇九年六月に六つのエピソードが、三週にわけて放送されている。冒頭の舞台は、一九四〇年六月の潰走の混乱状況である。その中で、医師でヴィルヌーヴの助役、ダニエル・ラルシェはスペイン人難民女性の出産に立ち会い、母親が亡くなったことで子供を引き取っている。また小学校の遠足中に爆撃に遭遇したルシエンヌは、二人の児童を失い、またダニエル・ラルシェの甥、ギュスターブも一時行方不明になる。ドイツ進撃を前にした潰走の混乱の中での子供たち、といえば『禁じられた遊び』の冒頭シーンが蘇ってくる。町は負傷者であふれていたが、被災住民からも到着したドイツ軍当局からも、ダニエルが町の代表とみなされ、行方不明になった前任者にかわって町長となる。

ついで舞台は、一九四〇年九月末に移る。ドイツ軍が駐屯する小学校のケーブルが切断されるというサボタージュに対して、人質リストの提出が要求されるなど緊張が生じる一方で、レイモン・シュヴァルツはドイツ軍地区司令部の注文に応じることで工場の倒産を免れている。ダニエルの弟マルセルは、息子ギュスターブを兄に預けて、共産党の地下細胞の地区代表となっている。一〇月になると反ユダヤ法により職を失った小学校の女性校長を、警察署長のケルヴェルンが匿うようになる。ダニエルが引き取った子供の父親が現れたが、子供と離れたくない妻オルタンスに心を寄せるマルケッティは、父親を密告で逮捕してしまう。一一月になると、前月のヒトラー・ペタン会談のニュース映画の劇場で罵声をあげた犯人捜しの中で、レイモン・シュヴァルツと愛人のマリー＝ジェルマンの逢瀬が露見している。地下活動でビラを配っていたマルセルは、郵便局員のシュザンヌ・リシャールと知り合い、党の方針に反して[20]、第一次世界大戦休戦記念日の一一月一一日に反独ビラを配るも、マルケッティに捕まってしまう。

③シーズン2

二〇〇九年一〇月に六つのエピソードが三週にわけて放送されている。話の時期は、一九四一年一月から三月にかけてである。ケルヴェルンが友人の死をきっかけに抵抗組織に入る一方で、マルケッティは、マルセルとシュザンヌを尋問している。マリー＝ジェルマンはケルヴェルンの抵抗組織に加わっている。小学校校長のベリオは、ルシエンヌに求婚するものの、ルシエンヌの心はドイツ兵クルトにあった。レイモン・シュヴァルツは、ユダヤ野郎という落書きをされ、みずからの非ユダヤ性の証明を求められている。また、死んだと思われていたマリー＝ジェルマンの夫が帰還する。シュヴァルツとの情事に気づいた夫は、二人を捕らえるが、マリーが夫を射殺してしまう。

④シーズン3

二〇一〇年一一月末から二〇一一年一月初めにかけて一二のエピソードが、六週にわけて放送されている。一九四一年九月から一〇月にかけてのストーリーである。レイモン・シュヴァルツは、新しい地区司令官から契約を破棄され破産の危機に瀕するが、アーリア化のなかで、ユダヤ人のクレミューからセメント企業を買収することで凌ごうとしている。ルシエンヌはクルトの子を身ごもり、堕胎を試みるも未遂に終わり出産する。六月の独ソ戦開始以来、共産党員が本格的にレジスタンスに加担している状況のなかで、ドイツ将校暗殺を準備していたマルセルとシュザンヌは、占領軍の手入れで検挙される。ダニエルが検挙者の釈放に奔走する一方で、妻のオルタンスは、親衛隊のミュラーとの情交を始めている。クルトは東部戦線に転属になり、残されたルシエンヌはベリオの求婚を受け入れている。マルセルら共産党員二人が、薬局でドイツ将校二人を殺害して逃亡する。犯人逮捕の担保として人質リストの提出が求められる。マルセルを捕まえなければ自分が東部戦線に送られると愛人ミュラーに言われて、オルタンスは、夫の弟を密告してしまう。捕まったのは夫のダニエルの方で、オルタンスも夫にマルセルの居場所を吐かせるために、ミュラーから拷問をうけてしまう。共産党は、密告者と見なされたシュザンヌの処刑をマルセルに命じるが、マルセルは密かにシュザンヌを逃している。ユダヤ人で抵抗組織に入ったクレミューは、ベリオにレジスタンスのビラの印刷を依頼する。ペタンに忠誠を誓っていたベリオであるが、協力を受け入れている。

小学校に一時収容された外国籍ユダヤ人(「フランスの村」シーズン4)

⑤シーズン4

二〇一二年三月末から五月初めにかけて一二のエピソードが、六週にわけて放送されている。舞台は、前半が一九四二年七月、後半が一一月のヴィルヌーヴである。七月二〇日、外国籍ユダヤ人を乗せた列車が駅に到着し、乗り換え列車が来るまでの一時収容を依頼された町長のダニエルは、夏季休暇中の小学校の建物に収容を決める。さらにドイツ側から命じられたヴィルヌーヴの外国籍ユダヤ人のリストを郡長のセルヴィエが提出している。ドイツ側からはさらに両親と子供をわけるという命令が出され、阿鼻叫喚の様相を呈してしまう。ダニエルは町長の職を辞する決意をする一方で、ユダヤ人狩りを指揮していたマルケッティは、自らが恋に落ちたユダヤ人女性リタを逃すことに奔走していた。また、ダニエルの家の女中で

1943年11月11日のパレード(「フランスの村」シーズン5)

ユダヤ人のサラを逃そうというダニエルの試みは失敗するものの、オルタンスの機転が彼女を救っている。

一一月になると自由フランスの兵士がパラシュートで到着し、ロンドンへの無線送信が始まる一方で、一時東部戦線に左遷されていた親衛隊のミュラーが復活し、軍司令部との力関係が逆転していく。レジスタンス勢力もマルセルとベリオが接触するなど共産党とドゴール派の接近が始まっている。

⑥シーズン5

二〇一三年一〇月から一一月まで一二のエピソードが、六週にわけて放送されている。話は一気に一九四三年九月に飛んでいる。ＳＴＯが導入されているが、多くの若者が忌避している。レイモン・シュヴァルツの義理の弟アントワーヌが、マリー＝ジェルマンの協力のもとヴィルヌーヴのマキを指導する。マキの若者たちは、逃避行の中で士気を高めるために演劇に取り組んでいる。そして一一月一一日には、占領軍の虚をついて休戦記念日パレードを敢行する。このエピソードは、実話に基づいている。[21] パレードは成功したが、レジスタンスへの弾圧も以後強まっていく。捕まっていたマルセルが遂に銃殺される。なお、同時に、町長のシャッサーニュも町民への見せしめとして銃殺刑に処せられている。対独協力主義者として正真正銘の悪役の位置づけのシャッサーニュであるが、死を前にした、（正反対の立場の）マルセルとのタバコの交換シーンでは、人間性の片鱗をみせている。

⑦シーズン6

前半が二〇一四年一一月から一二月までの六つのエピソード、後半が二〇一五年一一月から一二月の六つのエピソードで、それぞれ一九四四年八月と九月の話である。八月二五日、パリの解放を告げるドゴールのラジオ演説が流れる中、ヴィルヌーヴは、占領期の最後の段階、レジスタンスとミリスの闘いの舞台となっている。ミュラーはオルタンスとスイスに逃亡を企てるもアメリカ軍に捕らえられている。追い詰められたミリスは、ベルフォールに向かう列車に乗れるというドイツ軍司令官の約束を信じて、最後までレジスタンスとの闘争に従事する。同様に列車で逃亡を企てるマルケッティは、駅でドイツ軍司令官からのユダヤ人殺害命令に背いて銃口をドイツ軍司令官に向ける。このシーンは、『ルシアンの青春』で、ルシアンがユダヤ人狩りをするドイツ軍人に銃を向けるシーンを想起させる。ケルヴェルンが臨時政府の郡長として戻ってくるが、ミリスの銃弾を受けて重傷を負う。九月になるとドイツ軍は撤退し、ミリスの残党への対応についてレジスタンス内で対立が生じる。復讐ではなく法の裁きを求める新郡長ベリオの主導で、小学校を舞台に軍法会議が開催される。被告のミリスたちの弁護人はダニエルが引き受けている。レジスタンス上層部からの圧力もあって、判決はほぼ全員が銃殺刑で、銃殺を免れたアルバンも、母親マリー＝ジェルマンを殺害されてい

ミュラーと処刑を前にしたマルセル・ラルシェ(「フランスの村」シーズン6)

たラウルによって首を吊られている。捕らえられていた(レイモン・シュヴァルツの元妻)ジャニンヌとオルタンスは公衆の面前で髪を剃られてしまう[22]。ベリオはダニエルを再び町の行政官に指名するも、ダニエルは共産党員の告発で町を追われてしまう。マルケッティも遂に捕まっている。

⑧シーズン7[23]

前半が二〇一六年一〇月から一一月にかけて放映された六つのエピソード、後半が二〇一七年一一月に二週に分けて放映された六つのエピソードで、舞台は一九四五年一一月から一二月にかけて展開する。シリーズを締めくくるこのシーズン7のメインは、粛清裁判であるが、注目すべきは特に後半になると登場人物たちの後日談が随所に織り込まれていることである。いわば主人公たちの記憶の中での「フランスの村」を見ることで、視聴者は、シリーズ全体を振り返ることになる。まず粛清裁判のハイライトは、ダニエル・ラルシェとセルヴィエである。彼らに問われたのは、ドイツ軍将校殺害の報復として処刑された人質の名簿作りの責任であり、結局セルヴィエは死刑が宣告される。(公職追放に留まった)ダニエルを救ったのは、処刑を前にしたマルケッティの証言であった。他方、銃殺されていたダニエルの弟マルセルは、共産党の政治的思惑で英雄に祭り上げられ、街の通りにも名前が冠せられている。レイモン・シュヴァルツは、ド・ゴール派の町長候補になるも過去の殺人が露見してしまう。ルシエンヌの娘フランソワーズは、癌に侵されたベリオの最期に出生の秘密を知らされることになる。戦後のシーンは、一九五三年、一九六〇年、一九七五年そして二〇〇三年を舞台に展開するが、過去の記憶の扱われ方が時間とともに変化する姿がていねいに描かれている。特に二〇〇三年一一月に一九四三年一一月一一日の休戦記念日パレード六〇周年を記念して記念館が開館し、当事者で唯一の生存者であるルシエンヌが来館者を前に「証言」するというシーンは、過去の記憶を記念すること自体を相対化している。

⑨制作意図と作品評価

まず、制作者の意図を見てみよう。「大多数のフランス人は、一九四五年から七〇年までに言われていたよりは、はるかに待機主義的で迎合的だったが、オフュルスやパクストンが言うほどはペタン主義的でも受け身でもなかった」。これは制作者の一人、フレデリック・クレヴィンの表現である。[24]要は、レジスタンス神話からも自由だし、その後の『悲しみと憐れみ』やパクストン革命ほど挑発的でもない、という制作者の意図がここに表明されている。「我々の意図は、当初から、レジスタンスでもコラボでもなかった九五％のフランス人のことを想起することでした」ともう一人の制作者、エマヌエル・ドーセも述べている。[25]また、放映に際して、各回の最後に解説者として登場する歴史家ジャン＝ピエール・アゼマは、ドラマの展開に太鼓判をおしている。「これは占領期を考える上で非常に効果的なアプローチです。当時を生きた平均的フランス人の選択を理解するためには二つの要素が大事でした。一つは各人の反応、態度、評価の両面性。もう一つは、時間の経過を考慮することです[26]」。

つまり、すでに見たように、登場人物一人一人の中に、対独協力的とレジスタンスのいずれにも加担する可能性があり、それは時間の経過とともに変化したということである。

同ドラマをめぐっては、ネット上の関連サイトで視聴者からの反応が数多く寄せられている。いずれも大半が絶賛ないしは好意的な反応であるが、ここでは、とくに専門家の反応に注目してみよう。インターネット新聞Mediapartが開設した討論サイトに専門家の議論と視聴者の反応が紹介されている。視聴者の反応は管見の限り、こちらも概ね好意的である。

まずサイトの導入動画のなかで、哲学者ベルナール・スティグレールとともに解説者として登場する歴史家ドニ・ペシャンスキーは、同ドラマが歴史研究者と歴史愛好家という二つの世界の結節点に位置し、占領期についてのこれまでの研究成果の蓄積を踏まえてのものであると評価し、善悪二元論を排したグレーゾーンに注目していることを高く評価している(27)。討論の最初に登場するのは、いずれも占領期研究の第一人者である、アンリ・ルソーとピエール・ラボリである(28)。まずルソーは、同ドラマが歴史研究の成果を忠実に反映していることに加えて、記憶についてもバランスのとれた描き方であることを指摘し、とりわけ、この記憶へのアプローチが、戦後七〇周年に際してのオランド大統領の姿勢にも踏襲されているという。つまり否定的な記憶、ヴィシーの迫害の犠牲者の記憶だけでなく、肯定的記憶、レジスタンス偉人のパンテオン移葬についても気を配った姿である(29)。一方ラボリは、アナール派創始者のリュシアン・フェーブルの問題史の実践という視点で同ドラマに注目し、かつて文学作品が歴史叙述にもたらした刺激以上の光をもたらすものとして評価している。

他方、同じ歴史家でも、レジスタンス研究の専門家の見方は少し違うようである(30)。同ドラマの中でのレジスタンスの存在感は、パクストンや『悲しみと憐れみ』以来の下方修正の傾向を反転させている、と見ることもできるが、同時に、レジスタンス内部の対立、共産党系とドゴール派の確執、共産党内部での裏切り者疑惑の存在を際立たせている。これについては、ジャン＝マルク・ギヨンが共産党系と非共産党系の接触に関する描写は、場所や時期について正確さを欠いていること、また非共産党系レジスタンス＝ドゴール派という単純化があると批判している。つまり国内レジスタンスの自立性や多様性を捨象しているという批判であるが、他方でクレール・アンドリューは、他のドイツ占領下の国々での抵抗運動に比べたフランスレジスタンスの順調な統一過程を強調する。多様性を尊重しつつ統一がすすんだ背後にあるのは、国民的一体性であると指摘し、レジスタンスの内部対立を強調することへ違和感を表明している。ギヨンも、他国のレジスタンスに比べての、フランスでの解放時の圧倒的支持と内戦の不在を強調する。この点に関しては、レジスタンスの影響力の限定性を強調する、オリビエ・ヴィヴィオルカとの違いが際立っているようである。[31]

最後に、映像の専門家の意見に耳を傾けよう。[32] まず映像史が専門でベルギーの戦争と現代社会資料研究センター(CEGESOMA)研究員のジュリー・マエクは第二次世界大戦についての資料映像が陳腐化した一九九〇年代以降は、証言者の映像や個人的体験、つまり普通の人々の視点が強調されるようになってきていることを指摘し、同作品がその傾向の中に位置していることを指摘している。他方、情報コミュニケーション学が専門のパリ第三大学教授フランソワ・ジョストは、第二次世界大戦を扱った他のテレビシリーズはいずれも兵士を主人公にしているのに対して、一般の住民を中心に描いた点に「フランスの村」のオリジナリティーがあることを指摘し、とりわけ七年にわたって放映を続けたことによって、登場人物の時間経過を視聴者が追体験できたと評価している。また、マエクは、そのことによって、それぞれの時点での登場人物の感性に忠実に描写することが可能になったと評価する。具体的には、現在ではよくしられたヴィシーの反ユダヤ政策も、一九四〇年一〇月の最初の反ユダヤ法が出た時点では、その深刻さに一般の住民がほとんど気づいていないことなどを説得力をもって伝えることができる点を指摘している。

3　公共史としての映像——ホロコースト表象の射程

現代史をテーマにした映像というと、ナチス・ドイツのユダヤ人迫害に関するものが、質、量ともに他を圧倒していると言って間違いないだろう。ホロコースト/ショアーの表象全体についての分析は、本書掲載のアネット・ヴィヴォルカ論文に譲るが、ここでは、映像の種類の比較、ドキュメンタリーつまりノンフィクションとフィクションの比較という観点から考えてみたい。つまり、公共史としての映像の射程についての考察である。

まずフィクションであるが、これは「ホロコースト」という言葉が一般化するきっかけともなった、同名のアメリカ制作の一九七八年のテレビドラマ[33]が事実上のスタートと言っても間違いないだろう。戦後三〇年以上経過して、はじめてユダヤ人迫害が第二次世界大戦中の中心的悲劇の地位を得たのである。ドイツの平凡なユダヤ人一家がナチスの独裁体制下の社会で翻弄され、アウシュヴィッツからレジスタンスに至るまで様々な運命をたどるストーリーは、川喜田論文が分析する「ジェネレーション・ウォー」にも通じる、テレビドラマならではの長時間を駆使した群像劇であるが、注目すべきは、その受容である。全米で一億人以上が視聴し、エミー賞八部門受賞(一六部門ノミネート)というアメリカテレビ史上の傑作という評価を得たのである。

映画の世界ではもちろん、数多くの作品が扱ってきたテーマではあるが、「ホロコースト」以後、つまりアメリカ人にとって重要な関心事になって以降でもっとも成功を収めたのは、実話をもとにしたスティーヴン・スピルバーグの『シンドラーのリスト』(一九九三)であろう。ユダヤ人従業員と工場主シンドラーと最後の別れのシーンで、救ってくれたことへのお礼をのべて彼らが密かに作っていた記念品を渡すシーンには誰もが涙を誘われたのではないだろうか。

フィクションのメリットは、実話をもとにしつつも、見るものに感動を与えるストーリー展開を自在に構成できるところであろう。ただ、そもそも感動＝カタルシスを与えることが作品の価値を決める際のもっとも重要な要素なのか、という点には議論がある。そして、とくにユダヤ人迫害のような空前絶後の悲劇を伝えるという役割をになった映画が、ハッピーエンドで終わって観客に満足感を与えるということの是非が問題になる。

その点において、事実をありのままに伝えるというスタイルをとるノンフィクション／ドキュメンタリーは、より理想的なメディアかもしれない。初期の代表格は、アラン・レネ監督の『夜と霧』(一九五五)である。貴重な映像資料の最初の紹介として評価が高い同作品であるが、本章第1節でみた時代的制約を受けたことでも知られている。フランス国内のピティヴィエ強制収容所の写真の中に写り込んでいたフランスの警官の帽子(ケピ)が黒く消されるという「検閲」が行われていたのである。つまり、この時期においては、ユダヤ人迫害へのフランス当局の加担はタブーに属していたのである。

その後、ドキュメンタリーに限らず、前述の「ホロコースト」においても、当時の写真や映像を、作品の中にとりこむということは一般的に行われるようになってきた。ところが、ノンフィクションでありながら、再現映像はもちろん、当時の記録映像、写真の使用を一切しなかった作品が登場する。つまり、映画制作時に生存している証人の証言のみから構成されたドキュメンタリー、『ショア』(一九八五)である。この映画の登場によって、ユダヤ人絶滅政策の表記にホロコーストとショアーが併用されることになるほど、影響力を持つことになった。後にインタヴューで、『シンドラーのリスト』のカタルシスを厳しく批判したクロード・ランズマンによって作られた、被害者、加害者そして傍観者の三者の証言を一〇時間近くにわたって流す、まさに観るものを選ぶような作品である。それでは、フィクションでは、真実からかけ離れたカタルシスしか与えられないのだろうか。作られた映像では、悲劇を再現することはできないのだろうか。たしかに、虐殺行為つまりガス室での大量殺害そのものを映像で再現するのは、倫理的に許されない不可能な領域であるということは容易に想像がつく。

しかし、最近になって、このまさに表象の限界に挑戦した作品が登場した。ハンガリー映画の『サウルの息子』(二〇一五)である。アウシュヴィッツを舞台に、屍体処理係として働かされている囚人、いわゆるゾンダーコマンドを主人公に、絶滅収容所の日常が描かれている。ここでは、ガス室に囚人をいれるシーン、そして屍体を出すシーンが、一定のぼかし加工をほどこしつつも映像化されている。見終わった印象はカタルシスに程遠い、救いのないものだが、作品のインパクトは誰もが高く評価せざるを得ないということは、同作品がカンヌ国際映画祭でグランプリ、アカデミー賞でも外国語映画賞を受賞したということが示している。

ここで、公共史の射程という主題に立ち帰ってみよう。それがどれだけ多くの一般の人に対して肯定的（つまり拒否反応を起こさせずに）影響力を与えうるかという点で考えるならば、『ショア』や『サウルの息子』は、一部の教養層に限定される可能性があり、『シンドラーのリスト』や「ホロコースト」のような内容の作品の方が射程が長い、ということも言えるかもしれない。

さらに、公共史には射程だけでなく、質も求められるべきであるという観点からは、二〇一六年に日本で公開されたフランス映画『奇跡の教室』も注目に値する。実話をもとにした学園ドラマの映画であるが、半ドキュメンタリー的な要素が含まれている。生徒を演じている俳優の中に、一人だけ、当事者、つまり実話の元になった高校の生徒が入っていること、そして映画のクライマックスつまり、映画の中で当初は非協力的でまとまりを欠いていた生徒たちが大きく態度を改めるきっかけになったシーンで、アウシュヴィッツの生存者本人が証言していることである。この証言者レオン・ツィゲル氏本人が、収容所の中での父との別れの状況を回顧した場面は、映画の中の高校生たちも映画を見ている人たちも同時に涙を誘う感動的なシーンである。

もちろん純粋な映像作品として鑑賞すると、パリ郊外の移民子弟が多い荒れた高校のクラスが、一人の歴史教師の登場、そして彼女が提案する全国歴史コンクールへの参加によって大きく変貌し、最終的に全国コンクールを勝ち取ってしまうというサクセスストーリーはあまりに出来すぎていて、逆に説得力がないという批判もあるかもしれない。しかしながら、この話が実話であることが結果的にこの作品を、理想的な公共史の実践にしている。私見では、この映画は二重の意味での公共史の実践という射程を持っている。一つは、戦後七〇年をへて、戦争を語りつぐ証言者がいなくなるという状況の中で、映画という手段でそれを伝えうる可能性を示した点であり、また映画の内容そのものが、証言者の説得力によって、もともと意識が高くない生徒であっても変わりうるという、公共史の実践の実例を示した点である。

おわりに

最後に言及した『奇跡の教室』に登場する証言者の役割を公共史の実践と持ち上げてしまうのは、そもそも本稿の趣旨である映像論からは逸脱してしまったかもしれない。いずれにせよ、当のツィゲル氏自身、映画の日本公開を前に他界しており、証言者に頼る公共史の射程は短いと言わざるを得ない。

最後に、フィクションかノンフィクションかという映像論の中で、本稿であえてフィクションとして創作された「フランスの村」に注目した意味を考えてみたい。占領期フランスの表象としては、『悲しみと憐れみ』の存在感が圧倒的な時期が長かった。ノンフィクションの同作品は、一九六〇年代まで全盛を誇ったレジスタンス史観を完膚なきまでに崩す上で大きな役割を果たしたことはすでに述べた通りである。しかしながら、公共史の射程という視点で考えるならば、実際にそれを視る側、つまり受け手の反応を考える必要がある。『悲しみと憐れみ』は、すでに古典的教材となり、学生時代に、その一部を視聴したフランス人も少なくないかもしれないが、公開当初はもちろん、現在に至るまでテレビで放映されることはほとんどない。いわば、その意義は多くの人は知っているものの、実際に映画として視たフランス人の数は意外に少ないというのが実情である㉟。

これに対して、「フランスの村」はゴールデンタイムに放送された、日本でいうＮＨＫ大河ドラマのような作品である。そしてその内容はまさに現時点でのフランス人の占領期認識に対応したものであり、それを視ることによって、あらためて占領期の実像を考える機会を一般のフランス人に与えるという点で、現時点で公共史のもっとも理想的な実践となっていると言えるのではないだろうか。もちろん、歴史は書き換えられ、映像素材もその例外ではない。今後さらにあらたな映像によってとって代わられる可能性はある。しかしながら、占領期というフランス人の歴史認識の大転換を経験した時代を扱う映像が一つの到達点に達していることはまちがいないと言ってよいのではないだろうか。

(1)　序章五頁を参照。
(2)　ナチ党大会を記録したレニ・リーフェンシュタールの『意志の勝利』(一九三五)が有名であるが、その反対の立場では、反ファシズム人民戦線の宣伝映画、ジャン・ルノワール『人生はわれらのもの La vie est à nous』(一九三六)がある。後者については、剣持久木『記憶の中のファシズム』講談社、二〇〇八年、一七―一九頁を参照。
(3)　剣持久木「戦後フランスと「占領期」――過去の傷痕の克服をめぐって」『上智史学』三二号、一九八七年。
(4)　『鉄路の闘い』ルネ・クレマン監督、一九四五年、『海の沈黙』ジャン＝ピエール・メルヴィル監督、一九四七年、『禁じられた遊び』ルネ・クレマン監督、一九五三年、『パリは燃えているか』ルネ・クレマン監督、一九六六年。
(5)　Marcel Ophüls, *Le chgrin et la pitié*, 1971. 同映画は、日本では公開されていないが、スタンレイ・ホフマンによる、先駆的論評は紹介されている。スタンレイ・ホフマン『革命か改革か――フランス現代史1』天野恒雄訳、白水社、一九七七年の第三章「レジスタンスの神話」を参照。
(6)　ロバート・O・パクストン『ヴィシー時代のフランス――対独協力と国民革命 一九四〇―一九四四』渡辺和行、剣持久木訳、柏書房、二〇〇四年(原著は一九七二年、フランス語版は一九七四年)。
(7)　バルビー裁判をめぐる経緯については、以下を参照。渡辺和行『ホロコーストのフランス――歴史と記憶』人文書院、一九九八年。
(8)　実際、当時筆者が留学中に滞在していた高等師範学校の生徒の話では、同校で開催された試写会に出席したルイ・マルに対して厳しい評価が浴びせられたという。
(9)　Philippe Burrin, *La France à l'heure allemande 1940-1944*, Le Seuil, 1995.「適応」については、剣持久木「占領期フランス表象の現在――協力・抵抗・沈黙から「適応」・人道に対する罪へ」石田勇治、福永美和子編『想起の文化とグローバル市民社会』勉誠出版、二〇一六年を参照。
(10)　『レセ・パセ――自由への通行許可証』ベルトラン・タヴェルニエ監督、二〇〇二年。

(11)『シャトーブリアンからの手紙』フォルカー・シュレンドルフ監督、二〇一一年、『フランス組曲』ソウル・ディヴ監督、二〇一四年。
(12) 父親が共産党員であるために人質として収監されていたギー・モケ少年が、ドイツ軍将校暗殺の報復で処刑された二七人の一人に入っていたために、戦後レジスタンス殉教者の一人として共産党が祭り上げていたが、大統領選の際に、保守派のサルコジが「横取り」し、大統領就任直後に、「僕の死を無駄にしないで」という感動的な遺書を、フランス全国の高校の教室で朗読するよう指示した。
(13) ただし、コラボに転向した元共産党員と駐仏大使オットー・アベッツの二人は例外的に悪役として描かれている。ちなみにアベッツについては、戦後長らく、ドイツ占領当局のなかでのフランスの理解者というイメージが強かったが、近年の研究では、この映画で描かれている通り、ヒトラーに忠実なナチス党員であったことが明らかになっている。剣持久木「ナチスドイツとフランス一九三〇年代――オットー・アベッツ尋問調書の研究」『名城大学総合研究所紀要』七号、二〇〇二年。
(14) 著者のイレーヌ・ネミロフスキーは、一九四二年にアウシュヴィッツで亡くなっているが、遺品の中から発見された原稿が死後六〇年以上たって出版された原著は、フランスを含めた全世界でベストセラーになり、日本でも二〇一二年に翻訳が出版されている(『フランス組曲』野崎歓、平岡敦訳、白水社)。
(15) 同映画の受容については、アンリ・ルソー氏から筆者が直接聴取した。
(16) 筆者が視聴したのはＤＶＤ全六シーズン(二二枚)セットである。*Un village français — L'intégrale des saisons 1 à 6*, 12 decémbre 2015.
(17) 地中海沿岸の灌木地帯 maquis にレジスタンスが潜伏したことから、フランス南部の山岳地帯で活動した対独抵抗集団を一般にマキあるいはマキザール maquisard と呼称した。
(18) ハンブルク社会研究所が、一九九五年から国防軍の戦争犯罪に関する移動展示を行い、国防軍無謬神話に固執する保守派との間で論争になった。展示の一部に誤りがあったため一九九九年に中断した移動展示は、パネルを修正して二〇〇一年から二〇〇四年まで再度展示を行っている。以下を参照。中田潤「国防軍の犯罪と戦後ドイツの歴史認識」『茨城大学人文学部紀要　社会科学論集』三五号、二〇〇一年。
(19) Service Travail Obligatoire. 占領期の当初は、フランス国内よりも条件のいいドイツ国内で働く自発的労働者が多く集まったが、ドイツ側の募集人員を満たせなくなると、強制労働力徴用に移行し、多くの若者が忌避するようになった。

（20）フランス共産党は、一九三九年八月の独ソ不可侵条約から一九四一年六月の独ソ戦開始前までは、ドイツを公然とは敵視できない状況にあった。

（21）ジュラ山脈南西部のスイス国境近くの町オヨナックスOyonnaxで一九四三年一一月一一日に、実際にマキによる行進が行われている。こちらは直ちに鎮圧され、町長や助役は銃殺されている。戦後、同町は、レジスタンス勲章を授与されている。

（22）解放時の粛清に際しての丸刈りについては、藤森晶子『丸刈りにされた女たち』岩波書店、二〇一六年を参照。

（23）シーズン7のDVD発売が予定されているのは本稿脱稿後の二〇一八年三月上旬であるため、本稿執筆時には筆者は映像を未見であり、関連書籍の中の紹介に依拠している。Cf. Marjolaine Boutet, *Un Village français, une histoire de l'Occupation saisons 1 à 7*, Editions de La Martinière, 2017.

（24）Cf. Manu Bragance, «Un Village français»: les clefs d'un succès, *The Conversation*, September, 20 2015. http://theconversation.com/un-village-francais-les-clefs-dun-succes-46367（二〇一八年一月一七日閲覧）。

（25）Cf. Martine Delahaye, "Un village àl'heure de l'occupation", *Le Monde*, le 1er juin 2006.

（26）*Ibid.*

（27）À l'assaut critique d'«Un village français», *Mediapart*, le 19 septembre 2016. https://blogs.mediapart.fr/edition/les-controverses-d-un-village-francais/article/190916/l-assaut-critique-d-un-village-francais（二〇一八年一月一七日閲覧）。

（28）"Un village français dans les mémoires de la France sous l'Occupation", *Mediapart*, le 28 septembre 2016. https://blogs.mediapart.fr/edition/les-controverses-d-un-village-francais/article/280916/un-village-francais-dans-les-memoires-de-la-france-sous-l-occ（二〇一八年一月一七日閲覧）。

（29）二〇一五年五月にオランド大統領は、二人の女性を含む以下の四人のレジスタンスの闘士の遺骸をパンテオン（共和国廟）に移葬している。ジェルマニー・ティヨン、ジュヌヴィエーヴ・ドゴール、ピエール・ブロソレット、ジャン・ゼー。

(30) "La Résistance sous l'Occupation: oublié ou mythifiée?", *Mediapart*, le 8 novembre, 2016. https://blogs.mediapart.fr/edition/les-controverses-d-un-village-francais/article/081116/la-resistance-sous-loccupation-oubliee-ou-mythifiee (二〇一八年一月一七日閲覧)。

(31) Cf. Olivier Wieviorka, *Histoire de la Résistance: 1940–1945*, Paris, 2013.

(32) "L'histoire saisie par la série: entretien croisé Julie Maeck/François Jost", *Mediapart*, le 11 janvier 2017. https://blogs.mediapart.fr/edition/les-controverses-d-un-village-francais/article/110117/l-histoire-saisie-par-la-serie-entretien-croise-julie-maeckfr(二〇一八年一月一七日閲覧)。

(33) 「ホロコースト——戦争と家族」アメリカＮＢＣテレビ、マーヴィン・Ｊ・チョムスキー監督、一九七八年放映。

(34) 本書第3章でヴィヴィオルカが指摘しているように、フランスでは「ショアー」の表記が現在では一般的である。

(35) 筆者の友人で、パリ第七大学で教鞭をとるソフィー・クーレ教授の見解。

第2章　ドイツ現代史の記述と表象

――「ジェネレーション・ウォー」から考える歴史認識の越境化の諸相

川喜田敦子

はじめに

「公共史」を考えるのであれば、メディアにおける歴史の表象に着目しないわけにはいかない。本稿は、第二次世界大戦の表象に注目して、今日のドイツにおける公共的な歴史認識のありかたを考えようとするものである。具体的には、二〇一三年三月にドイツで放映され、話題になったドラマシリーズ「ジェネレーション・ウォー」を題材に、ナチズムと第二次世界大戦をめぐる今日のドイツの歴史認識がどのような状況にあるのかについて考えてみたい(1)。

「ジェネレーション・ウォー」は、第二次世界大戦当時の若者世代の戦争体験を描いた第二ドイツテレビ（ZDF）制作のドラマシリーズである。二〇一四年には国際エミー賞を受賞した。「ジェネレーション・ウォー」というのはアメリカ合衆国の映画館で公開上映された時のタイトルである。日本語版DVDも発売されているが、DVDの邦題もやはり「ジェネレーション・ウォー」となっている。ドイツ語の原題“Unsere Mütter, unsere Väter”は、直訳すれば、「私たちの母、私たちの父」という意味である。

「ジェネレーション・ウォー」日本語版
DVDの表紙(アルバトロス, 2014)

1　ドラマシリーズ「ジェネレーション・ウォー」の放映

このドラマシリーズは、ニコ・ホフマンがプロデュースし、ティーム・ワークス(team Worx)によって制作された。これは、東ドイツから西ドイツへの脱出を取り上げた「トンネル」(二〇〇一)、一九四五年二月のドレスデン空爆を描いた「ドレスデン」(二〇〇六)、第二次世界大戦末期の東プロイセンからの住民の避難を題材とした「逃亡」(二〇〇七)、第二次世界大戦でのエルヴィン・ロンメル将軍に焦点を当てた「ロンメル」(二〇一二)など、ドイツ現代史――なかでも第二次世界大戦――を舞台に多くの話題作を世に送り出してきた組みあわせである。[2]

「ジェネレーション・ウォー」も、第二次世界大戦期のドイツを取り上げた作品である。この作品は、とくに東部戦線に焦点をあて、一九四一年夏から一九四五年までの五名の登場人物の交錯する人生を描いている。ドイツ国防軍将校であるヴィルヘルムと、その弟である文学青年フリートヘルムの兄弟はそろって東部戦線に出征する。ヴィルヘルムを慕うシャルロッテは野戦病院の看護師に志願して二人の部隊と近い地域に送られる。彼らの友人で売り出し中のポップ歌手グレータは、恋人であるドイツ・ユダヤ人ヴィクトアを救うために親衛隊中佐の愛人になり、彼の力で歌手として名を売って前線を慰問することになる。一方、ヴィクトアはグレータの愛人である親衛隊中佐にはめられて東方に移送されるが、途中で脱走してナチ占領下のポーランドにて抵抗運動の勢力と行きあう、という筋立てである。こうして五名の登場人物は、望むと望まざるとにかかわらず、第二次世界大戦下の東部戦線に身を置くことになるのである。ドラマでは、五名のうち生き残った三名（ヴィルヘルム、シャルロッテ、ヴィクトア）が大戦終結後に戦災で荒廃したベルリンで再会するまでが描かれている。

「ジェネレーション・ウォー」５人の登場人物（©ZDF）
https://www.zdf.de/filme/unsere-muetter-unsere-vaeter/unsere-muetter-unsere-vaeter-1-100.html

「ジェネレーション・ウォー」は全体で三部構成をとっており、第一部「違う時代（*Eine andere Zeit*）」、第二部「違う戦争（*Ein anderer Krieg*）」、第三部「違う国（*Ein anderes Land*）」からなる。二〇一三年三月一七日、一八日、二〇日の三日間に、ドイツの公共放送である第二ドイツテレビで三回シリーズ（各九〇分）として放映された。(3)

このドラマはフィクションだが、ドキュメンタリーを意識した作りになっている。そもそも登場人物のモデルとなったのは、プロデューサーであるN・ホフマンの両親である。具体的には、ヴィルヘルムとフリートヘルムの兄弟は、ホフマンの父親の体験を二名の人物に分けて造形したものであり、看護師シャルロッテはホフマンの母親がモデルである。(4) また、第一部の終わりに、登場人物と似通った体験をした五名の体験者の証言が置かれており、それもまた、このドラマが実体験に基づくドキュメンタリーであるかのような印象を惹起する効果を与えている。すなわち、このドラマは、ドキュメンタリー・ドラマ（Dokudrama）というジャンルにあたると言えよう。

このドキュメンタリー・ドラマは放映前から話題になり、ドイツ放映時には三部ともに二〇%前後の高視聴率を記録し、平均視聴者は七〇〇万人を超えた。ドイツでの放映に引き続き、主だったところでは、二〇一三年六月一七日にポーランドで放映された後、一四年一月一五日にアメリカ合衆国で上映され、同年四月二六日にはイギリスでも放映された。第二ドイツテレビは、当初から、外国への輸出を念頭にこのドラマシリーズを制作した。しかし、放映への反響として特徴的だったのは、ドイツ国内と国外では反応が大きく分かれたことだった。それというのも、放映当初、ドイツではこのドラマは全般的に好評であり、批判的な論評は例外的だった。しかし、ポーランドでの放映後には大きな批判が寄せられた。アメリカ合衆国での上映後も、たとえば『ニューヨーク・タイムズ』に非常に批判的な批評が載った。⑤

2　「ジェネレーション・ウォー」に見るドイツの歴史認識

①「ジェネレーション・ウォー」に対する評価

この作品を手がかりに今日のドイツの歴史認識について考えるにあたり、まずは、ドイツの歴史家の批評を軸に、彼らがこのドラマをどう見たかを概観しておきたい。

すでに述べたとおり、このドラマは、ドイツでの放映直後は総じて好評だった。それは歴史家のあいだでも同じである。舞台となった第二次世界大戦当時の雰囲気のとらえ方などについて、「全体としてうまくやったと思うよ」というドイツ史研究の大家ハンス＝ウルリヒ・ヴェーラーの評価が、このドラマに対する総合的な評価をよく表している。⑥ 制作にあたっては、ポツダム大学付属のユダヤ研究所であるモーゼス・メンデルスゾーン・センターのユリウス・H・シェプスが協力し、⑦ ナチ時代の歴史に造詣の深いドイツ史家ノルベルト・フライも、

「脚本は近年の歴史学の成果をうまく取り入れている」という評価を与えている。[8]

②東部戦線をめぐる歴史認識

このドキュメンタリー・ドラマの大きな特徴は、ナチ時代を扱った作品でありながら、ユダヤ人大量殺害(ホロコースト)よりも戦争に焦点が当てられていることにある。

ナチ体制崩壊後、西ドイツの歴史教育でナチ時代が扱われる際に、戦争に対する意識が薄かったとは言えない。現に、一九六〇年代までの歴史教科書では、ユダヤ人迫害の問題よりもむしろ第二次世界大戦の戦争の経過に紙幅が割かれていた。しかし、一九六一年のアイヒマン裁判や、六三年から六五年にかけて行われたアウシュヴィッツ裁判、米国で制作されて七九年に放映されたテレビ映画「ホロコースト」などの影響を考えても分かるように、戦後ドイツの「過去の克服」は、とくに六〇年代以降は何と言ってもユダヤ人迫害を反省する意識に牽引されてきた。[9]

「国防軍の犯罪」展より．パンチェヴォ(現セルヴィア共和国)での人質射殺(©Deutsches Historisches Museum) https//www.dhm.de/lemo/bestand/objekt/ba006080

逆に、戦争——なかでも東部戦線——への関心は、冷戦下という条件もあいまって伸び悩み、歴史学研究の世界では一九六一年に出されたマルティン・ブロシャートの『ナチのポーランド政策 一九三九—一九四五年』[10]に始まり、とくに八〇年代に研究が進むも、[11]それがドイツ社会の規範的コンセンサスに組み入れられることはなかった。このことは、第二次世界大戦終結五〇周年に始まった「国防軍の犯罪」展で、東部戦線における戦争犯罪への国防軍の加担が告発されたことが、いかに世論に衝撃を与え、激しい論争を引き起こしたかを思い起こせば明らかである。⑫「国防軍の犯罪」展が開始された直後の状況と引き比べてみれば、「ジェネレーション・ウォー」における東部戦線の赤裸々な描写が特段の議論を引き起こすことなく受け入れられたことは大きな変化である。これは、第二次世界大戦終結五〇周年以降、七〇周年に差しかかるまでの二〇年間のドイツにおける国防軍神話の解体、それにともなう東部戦線での戦争犯罪についての認識の広がりと定着をよく示していると言えよう。

このことについては、N・フライも、「対ソ戦がこれほど美化されることなく描かれたのは初めてだという点においてこのドラマは進歩だと言える」としている。フライが「脚本は近年の歴史学の成果をうまく取り入れている」と評したのは、「国防軍の犯罪」展を通じて広く知られるようになった「ユダヤ人殺戮への国防軍の関与、戦争捕虜の殺害、パルチザン戦の名目での民間人の殺害」などが、「ジェネレーション・ウォー」のなかで明確に描かれていることを評価したものである。⑬

③「普通の人びと」のナチ時代

「国防軍の犯罪」展の問題意識は、「普通の人びと」の犯罪行為にあった。一九九二年に出されたクリストファー・ブラウニングの『普通の人びと』に始まり、⑭一九九〇年代半ばのゴールドハーゲン論争も、「国防軍の犯罪」展も、軸になっていたのは、普通のドイツ人がナチ犯罪にいかに関与したかという問題意識だった。「普通の人びと」がナチ時代に行ったことについては、大衆がいかに体制を支持し、また体制の犯罪を傍観したかという観点からも、その後、研究が積み重ねられてきている。⑮

研究の進展にともなって、ドイツの公共空間におけるナチの過去をめぐる語りにも変化が生じた。それまでは、ナチ時代の蛮行は「ナチ」――とくにヒトラーとその周辺――の責任として語られる傾向が強かったのに対して、一九九〇年代以降は、市民の責任を問う姿勢が強まったのである。[16] ユダヤ系の市民に暴行し、店舗やシナゴーグを破壊・略奪・放火した一九三八年一一月のポグロムへの政治家の言及を見ても、ポグロム七〇周年にあたる二〇〇八年に首相アンゲラ・メルケルが、かつてドイツ人の多くがナチの蛮行に反対する市民的勇気をもたなかったことを批判的に回顧したこと、[17] 七五周年にあたる一三年の追悼記念集会の演説で大統領ヨアヒム・ガウクが、ポグロムを行ったのは「極めて普通の人」だったと強調したことなどはその一例である。[18]

「ジェネレーション・ウォー」にもこの問題意識は反映されている。脚本を褒めた理由のひとつとして、N・フライは、「移送されたユダヤ人の住居でのさばるドイツ人たちの冷淡さ」が描かれていることも挙げている。[19]

④ドイツ人は戦争の被害者か?

この点については、しかし、もう少し詳しく見てみなければならないこともある。ごく「普通の人びと」の体験を描くために、「ジェネレーション・ウォー」は五名の主役を作り出した。この五名について、記憶論の権威であるアライダ・アスマンは、「良くも悪くもある人びと」と評した。それは、このドラマが、戦時下において人が倫理的・良識的な存在だけにはとどまりきれないことを描いているからである。たとえば、ユダヤ人の恋人を助けようとしつつも、ポップ歌手として認められるという夢を捨てられずにナチの親衛隊将校に取り入ろうとするグレータ、平和主義者であったはずが前線経験のなかで次第に感覚を麻痺させ、兵士としていわば過剰適応していくフリートヘルムなどがそれにあたる。[20] このドラマに対する『デア・シュピーゲル』誌の論評にあった言葉を借りるならば、「程度の差こそあれ、誰もが罪を犯す」ということになる。[21] 脚本のシュテファン・コルディッツは、「この世代について善悪といった範疇で考えようとしても仕方がない」とも述べている。[22]

換言すれば、確信的ナチを描くことは、「ジェネレーション・ウォー」の問題意識には含まれていない。また、このドラマは、ナチズムを積極的に支えた層を描こうともしていない。その点については、ケルン大学の歴史家ハボ・クノッホが、このドラマは「ナチズムがなぜ成功したかを描くことに成功したとは言いがたい」と評している。[23]これは、どの世代に焦点を当てて描くかというドラマの設定から避けがたく生じた問題でもある。クノッホは、「信念と計算から、体制を創り、支えた三〇代から四〇代にかけての世代が描かれておらず」、登場人物が二〇代の青年たちであるがゆえに、このドラマを見ると、当時の人びとが「責任もないままに、抗うことのできない戦争という大きな力の犠牲になっていったかのように感じられ」てしまうと指摘している。[24]ポツダム現代史研究所のマルティン・サブロウが、「制作サイドが一九二〇年前後生まれの世代に焦点を当てたことは、理解はできるが問題なしとはしない」と述べているのも、同じ点を意識したものであろう。[25]

「ジェネレーション・ウォー」においてナチ体制の支持者が出てこないことを最も厳しく批判したのは、フライブルク大学のドイツ現代史家ウルリヒ・ヘルベルトである。最終的には主人公五人全員がナチ体制の犠牲となるか、そうでなければナチ体制から距離をとるようになるという設定を踏まえて、U・ヘルベルトは、「ドイツ人がそうであったらさぞよかったろう」と述べ、また「嗜虐的でも狂信的であるわけでもない、しかし確信的ナチである者の姿を描きだすことができなければ、当時起こったことは理解できない[26]」、「このドラマでは、ナチの連中というのは、われわれの父でもなければ母でもない、誰かほかの人でしかない」、そしてそのように考える限り、父母の世代は「快活で、ただ生きたいと願い、これといって政治的でもなかったが、それにもかかわらず、戦争のせいで野蛮化し、犠牲になった」のであり、それこそが「ドイツの悲劇だ」ということになってしまう、とも述べている。[27]

このドラマがよくできたドラマであることには間違いがない。放映当初、批判の声はほぼ聞かれなかったと言ってもよいほどである。しかし、歴史家によってはひっかかりを覚える点もあり、単純に褒めそやすことも難しいという状況も見える。

以上のことを踏まえたうえで、以下では、本書のキーワードである歴史認識の「越境化」という問題意識のもとで、このドラマを今日のドイツで生じている三つの「越境化」の動きに関連づけて論じてみたい。今日、ドイツの歴史認識は、国境、世代、国内の他者との壁という三つの異なる境界との関係において、それぞれ変化を迫られているように見受けられるからである。その変化は、「ジェネレーション・ウォー」とそれをめぐる議論にも反映している。

3　ナショナル・ヒストリーの越境化の諸相

①国境を越えた歴史認識の構築――ドイツ＝ポーランド関係の現在

国境を越えるという意味での歴史認識の越境について考えるにあたり、まずは、「ジェネレーション・ウォー」において「ナチは常に他者であり、ドイツ人は犠牲者である」、というU・ヘルベルトの批判に立ち戻るところから始めたい。ポーランドで「ジェネレーション・ウォー」が放映された後、最も批判が集まったのもこの点だった。すなわち、「ジェネレーション・ウォー」は、ドイツにおける被害意識の高さと加害意識の低さを映し出していると批判されたのである。

ポーランドからの批判のなかで最も問題視されていたのは、ドイツ・ユダヤ人のヴィクトアがドイツ占領下のポーランドで逃亡に成功し、抵抗組織である国内軍（ＡＫ）に合流した際、そこで反ユダヤ主義にさらされるとい

「ジェネレーション・ウォー」ユダヤ人であると分かってポーランド国内軍に殺害されそうになるヴィクトア(©FAZ)
http//www.faz.net/aktuell/feuilleton/medien/unsere-muetter-unsere-vaeter/diskussion-in-polen-ueber-widerstand-und-antisemitismus-12138685.html

う設定だった。これが、主人公のドイツ人五名のなかに確信的ナチがいないという設定とあいまって、ドイツ人は反ユダヤ主義者ではなかった、反ユダヤ主義に染まっていたのはポーランド人とウクライナ人[28]だけだったとでも言うのか、という批判を生じさせたのである。[29]この問題をめぐっては、二〇一六年七月、ポーランド兵士の人格権の侵害であるとしてクラクフの地方裁判所に訴訟が起こされる事態にもなっている。[30]

ただ、歴史認識の越境化と絡めて考えるならば、こうした軋轢もドイツ＝ポーランド関係の深化の証と言えなくもない。ポーランドの体制転換と東西ドイツの統一以降、一九九〇年代にドイツ＝ポーランド関係は大きく進展した。[31]それにともなって両国間の学術・教育ネットワークも拡大・多様化・深化し、歴史教育の分野でもドイツ＝ポーランド歴史共通教科書プロジェクトが進み、二〇一六年には古代・中世を扱う第一巻、一七年には一九世紀初頭までを扱う第二巻が刊行された。「ジェネレーション・ウォー」の放映後、確かにポーランドからは批判の声が上がったが、そもそも、ドイツで作られた現代史の歴史ドラマがポーランドで放映されたということ自体が、以前は考えられなかったほどの両国間関係の深化を示しているという捉え方もできる。

ポーランドの歴史家トマス・シャロタは、現代史研究のドイツ語ポータルサイトである現代史オンライン（ZOL）に寄せた論評のなかで、ドラマの制作にあたり、第二ドイツテレビがポツダム大学モーゼス・メンデルスゾーン・センターだけでなく、ポーランドの歴史家にも協力を求めるべきだったと指摘している[32]。たとえば博物館の歴史展示における両国の歴史家の協力は珍しいことではなくなっていることを考えれば、テレビドラマにおいてもそうした協力関係は決して望みのないものではないはずである[33]。そして、そうした二国間協力の下に作られたドラマであれば、ポーランドでの反応もまた違ってくると考えられる。共同制作であれば、ことによると、ポーランドの反発を招くことなくその反ユダヤ主義を描くこともできたかもしれない。

②世代を超えた記憶の継承

次に世代間の越境化について考えてみたい。「ジェネレーション・ウォー」の放映時に繰り返し喧伝されたのは、このドラマが、ナチ時代の歴史をめぐって世代を超えた対話の契機を作るということだった。確かに、このドラマは世代間の継承を印象づけるものとなっている。

まず、制作者の世代交代という点が挙げられる。一九八四年以来、第二ドイツテレビの現代史部門でチーフプロデューサーを務め、ドイツで“Histotainment”とも言うべき歴史娯楽番組のジャンルを確立したギド・クノップが二〇一三年二月に引退を表明した。翌三月に放映された「ジェネレーション・ウォー」は、「ギド・クノップ後の歴史ドラマ」の行方を占う意味があった。

制作サイドにおける世代交代は、証言に対する態度の違いとなって表れた。G・クノップは、近年とくに証言の掘り起こしへの関心を強めていた。「ジェネレーション・ウォー」も、体験世代の証言を通じた記憶の世代間継承を重要なテーマのひとつとして掲げており、証言と体験者は重要な位置を占めている。ただし、当時を体験した世代が退場しつつある今、最後の証言に耳を傾けようとするという点では共通しつつも、証言者が何を伝えたいかではなく、証言を聞く側が何を残したいと考えるかという第二世代の解釈にむしろ焦点が当たっている点に「ジェネレーション・ウォー」の特徴がある。G・クノップの活動が「証言の時代」――すなわち、証言をもとにした歴史の再構築――の終わりを意識したものであったとするならば、「ジェネレーション・ウォー」は「証言の時代」が本当に終わりつつあることを示すものと考えてよいだろう。A・アスマンは、この流れのなかで、「ジェネレーション・ウォー」においては、主たる関心の対象が、歴史的事実そのものから歴史にまつわる感情へと移っていると指摘している。(34)

歴史と記憶、それにまつわる感情をテーマとする「ジェネレーション・ウォー」では、「私たちの母、私たちの父」というドイツ語タイトルそのものが示すように、記憶が継承される場としては「家族」に、記憶されるべき対象としては家族の構成員（父母、祖父母）の経験に焦点があてられている。すなわち、「ジェネレーション・ウォー」が想定する記憶の世代間継承とは、個人の経験を私的な領域で語り継ぐことであると言える。しかし、これが公共放送によって放映されるテレビドラマであるがゆえに、ここにおいて、ひとつには個の語りと集団に共有される歴史認識が、いまひとつには私的な空間の語りと公共空間の語りが交錯することになる。

このことについて考えるために、シャルロッテのモデルとなったN・ホフマンの母親の発言を取り上げてみたい。彼女は、「ジェネレーション・ウォー」を見て、「まさにこの通りだったのよ！」（"Genauso war es!"）と言ったとされる。プロデューサーであるホフマンが披露したこのエピソード自体は宣伝の一環にすぎないが、「ジェネレーション・ウォー」に対する視聴者の反応としてはこの発言は典型的だったようだ。(35) 個人の経験を集めれば集めるほど、本来、歴史像は多様化していくはずである。実際、「ジェネレーション・ウォー」では、個別具体的には多様な経験をもつ個が描かれ、それを多様な経験をもつ個が視聴したはずである。したがって、「まさにこの通りだったのよ！」という評価は、経験の個別具体的諸相に向けられたものではなく、制作側が世代として切り出した善悪の混沌、戦争という大きな力に呑まれた無力感や被害意識を肯定したものと見てよいだろう。この点についてU・ヘルベルトは、「その通りだった」のではない、「そうありたかった」だけだろう、と皮肉っている[36]。

「ジェネレーション・ウォー」が家族内における記憶の継承を意識して作られたことはすでに述べたが、これまでの研究では、現実の家庭内の語りにおいては、登場人物が「ナチではない」存在として語られる傾向があることが知られている。社会学者ハラルド・ヴェルツァーらは、『おじいちゃんはナチじゃなかった』と題する本のなかで、家庭内の語りにおいて、自分もしくは近親者、親しい友人等が「ナチ」であったという語りがなされることはない、仮にナチ党や関連組織に加入していたとしても、本当はナチではなかった、やむをえない事情があった、などの語りが支配的であると指摘している[37]。その点で、ドイツにおいては、私的空間の語りと、体制協力に焦点を当て、市民としての責任の自覚を促す公共空間の語りのあいだには乖離があると言える。

これを踏まえて考えると、「ジェネレーション・ウォー」においては、作品の構造として「家庭内の語り」を虚構的に取り入れたことにより、家庭内における語りの特徴が、テレビドラマを通じて社会空間（公共空間）に拡大するという現象が見られたと言えよう。しょせんはドラマと言うこともできなくはないが、U・ヘルベルトがこのドラマを問題視したことの前提には、私的空間の語りが公共空間に拡大したとき、それが現在の規範に触れるのではないかと危惧されるということがあったのだろう。ましてやそれが「まさにこの通りだったのよ！」というかたちで多くの人びとの共感を得て、今後の世代がつくる社会を統合する語りになっていく様相を見せるのであるならば、問題はより大きいと言わざるをえない。

他方、このような個と私の領域から生じる歴史認識の統合的な作用から取り残される社会集団もある。今日のドイツで言うならば、それは、今や人口の約二〇％を占めるにいたった「移民の背景をもつ人びと」である。家庭という血縁によって結びつく共同体において、構成員の体験を基礎に語り継がれる歴史を彼らは共有できないためである。「ジェネレーション・ウォー」の語りは、その点において、ドイツ社会のマイノリティである「移民の背景をもつ人びと」に対しては疎外的に働く。

「移民の背景をもつ人びと」が、「ドイツ人であること」の自覚を軸とした過去との批判的な対峙の姿勢をいかに共有すべきかについては議論の分かれるところである。[38] 現実問題として、移民の子弟が、自らの置かれた現状と引き比べて、ナチ時代の加害者ではなく被害者にむしろ感情移入するケースもあれば、受け入れ社会であるドイツに正規の構成員として認められたいという欲求に裏打ちされてドイツを弁護すること、罪の意識まで内面化することもある。[39]

③多様化するドイツ社会と記憶の継承――移民社会のナチズム理解

誰に感情移入して歴史を見るかという問題については、マイノリティだけでなく、ドイツ社会の多数派の態度をめぐっても議論がある。ドイツ史家ラインハルト・コゼレックは、「ドイツ人は政治的に責任ある国民(Nation)として、加害行為そのもの、そして加害者を記憶する義務を負っている」と述べたことがあり、[40] それに照らしてハンブルク社会研究所の歴史家ウルリケ・ユーライトは、一九七〇年代――テレビ映画「ホロコースト」放映を意識していると考えられる――以来、(西)ドイツの歴史認識は被害者に自己同一化しようとするものだったと批判する。その安易さを批判するこの指摘には一理あるが、これに対してA・アスマンは、ホロコースト研究で知られるフリッツ・バウアー研究所の所長を務めたヴェルナー・コーニッツァーの議論を援用して、現在のドイツの記憶のかたちは、単に被害者に自己同一化する(opfer-identifiziert)記憶ではなく、被害者に共感をもつ（opfer-orientiert）記憶であり、その二つは分けて考えることができるとも指摘する[41]。

普遍的価値に立脚し、犠牲者に対する共感と記憶責任を意識することは、今日、非体験世代の歴史認識として、世界的な流れになりつつある。被害者に共感をもつこのような記憶のあり方は、様々なバックグラウンドをもつ人びとによって構成される今日のドイツ社会における統合的な記憶のあり方として、今後、重要性を増していくと考えられる。

他方、普遍的価値観に立って加害の過去から生じる責任への自覚と被害への共感を示すことを倫理的であるとするこうした傾向に対して、今日の世界では、自らの共同体が受けた歴史上の被害の記憶を強調する動きも根強く残っている。ドイツの多数派について言うならば、東西ドイツ統一以降、ユダヤ人等の被害者への共感とは別な意味での被害者への共感、すなわち、ドイツ人のなかに被害者を見出し、そこに感情移入していくという流れが強まった[42]。N・ホフマンは、「ドレスデン」（二〇〇六）や「逃亡」（二〇〇七）でそれを積極的に焦点化しようとしてきたプロデューサーである。今回の作品もその延長線上にあると考えれば、「ジェネレーション・ウォー」は、「加害者も本当は被害者だ」という論理を前面に出し、加害行為さえも「戦争による被害」と読み替えていくことで、自らを被害者と位置づけようとする試みとみなされることになる。しかし、「ジェネレーション・ウォー」に対しては、「戦争はその残虐さと野蛮さによって人間のなかにあらゆる悪を呼び起こす」ことを示したというH＝U・ヴェーラーの評もある[43]。加害の自覚を失うことなく、非体験世代に向けた普遍的メッセージをどう導きだすのかについて、このドラマは、危険性と可能性の双方を示したと言えよう[44]。

まとめ

本稿では、「ジェネレーション・ウォー」というドキュメンタリー・ドラマを通して、今日のドイツの歴史認識の現状について、国境、世代、国内の他者との壁という三種の「越境化」を手がかりに考えてきた。

ここまで論じてきたことをまとめるならば、第一に、ドイツのメディアにおいて東部戦線に注目するドラマが作られたこと、またドイツで制作された歴史ドラマがポーランドでも放映されたことは、そこから生じる軋轢まで含めて、冷戦後のヨーロッパにおける変化がもたらした歴史学研究の進展、学術を超えた関係と交流の深化を物語っている。その意味で、ドイツ＝ポーランド関係について言うならば、「国境」を越えるという意味での越境化が、二国間関係の改善とともに大きく進展したことが分かる。

第二に、とくに一九九〇年代以降、ナチズム研究の進展と問題意識の変化を受けて、公共空間においては、体制協力に焦点を当て、市民としての責任の自覚を促す語りが主流になった。他方、「ジェネレーション・ウォー」は、個人の経験に焦点を当てつつ、全体として大きな「戦争」の力学の犠牲であったとまとめることによって、統合的な歴史像を生み出そうとする動きと言える。これは、証言者の世代が交代し、かつてのように体制の中枢を担った世代ではなくもっと若くして当時を体験した世代しか証言できなくなりつつあるという意味でも、時間的距離が開いたことによって普遍化への方向性が生まれてきたという意味でも、時の流れに起因する変化である。しかし見過ごせないのは、そこにおいて、私的空間の語りが公共空間へと拡大する様相が確認できることである。この語りは、加害に立脚した責任の自覚という現在のドイツ社会の規範的語りとは相反する性格をもつ。公共空間におけるこのような乖離が、今後、世代交代の進行とともにさらに拡大していくことになるかどうかは、簡単に予測できる状態にはない。

第三に、ドイツの「過去の克服」とは、国民(Nation)としてのドイツに立脚し、ドイツの加害性を自覚しつつ歴史を記述することを自らに課す規範だった。それがナショナル・ヒストリーの論理に立脚するものであることは確かであり、移民社会化する今日のドイツにおいて多数派とマイノリティを分断する語りとして機能する可能性があることは念頭に置く必要がある。ただし、移民の背景をもつ人びとのアイデンティティは一様でもなければ単純でもない。また、世代交代とともに、多数派のなかでもナチ時代を語る際に被害者に感情移入する傾向、さらには自らを被害者と位置づけようとする傾向が強まっており、「過去の克服」に変化が訪れていることが分かる。しかし、「ジェネレーション・ウォー」に対する諸外国からの厳しい批判を見れば、ドイツにおいて被害意識が強まることはもとより、国民としての責任の自覚を安易に離れ、加害の過去への当事者性と引き換えに歴史が普遍化される場合、それがドイツ国内外で生む反発はやはり強いことも見て取れる。

なお、本稿では詳しくは論じなかったが、東部戦線をめぐる歴史認識については、今日の政治情勢と直結した全く別種の問題も存在している。第二次世界大戦終結七〇周年にあたる二〇一五年五月七日に外相フランク゠ヴァルター・シュタインマイヤーがヴォルゴグラード(旧スターリングラード)を、五月九日に首相A・メルケルがモスクワを訪問した。いずれの場合も、印象的だったのは、第二次世界大戦時にドイツがソ連に与えた大きな犠牲を悼むことと、現在のウクライナ問題においてロシアを批判する姿勢をにじませることの双方を両立させるべく、ドイツ側が極めて注意深い態度を見せたことである。そこにあったのは、歴史と現実政治を切り離そうとする努力である。実は類似する現象は、ナチ時代のユダヤ人迫害と今日のパレスチナ問題に対する姿勢という点で、イスラエルとの関係においても確認することができる。

これらが、ドイツ国内におけるナチの過去をめぐるコンセンサスに影響を与えるわけではないが、歴史と現実政治の切り離しを進めなければならない局面は今後も生じていくだろう。時代の流れとともに、新しい二国間関係・国際関係が積み重ねられるなかで、歴史に与えられる位置づけが、もしくは特定の歴史的事実のアクチュアリティが変わっていく。この現象についても、いずれまた、稿を改めて考えてみたい。

（1）「ジェネレーション・ウォー」をめぐっては、ドイツで多くの論評が出された。Classen, Christoph, Opa und Oma im Krieg. Zur Dramatisierung des Zweiten Weltkriegs im Fernsehmehrteiler "Unsere Mütter, unsere Väter", in: *Mittelweg*, 36 (2014); ders., Unsere Nazis, unser Fernsehen, in: *Zeitgeschichte-online*, April 2013, URL: http://www.zeitgeschichte-online.de/film/unsere-nazis-unser-fernsehen; Herbert, Ulrich, Nazis sind immer die anderen, in: *taz* vom 21. 03. 2013; Röger, Maren (Hrsg.), Polnische Reaktionen auf „Unsere Mütter, unsere Väter". Mit Texten v. T. Szarota, M. Urynowicz, P. Brudek u. K. Chimiak, in: *Zeitgeschichte-online*, Juli 2014, URL: http://www.zeitgeschichte-online.de/thema/polnische-reaktionen-auf-unsere-muetter-unsere-vaeter など。

（2）N・ホフマンの手がけた作品については、本稿で取り上げる「ジェネレーション・ウォー」、および二〇〇七年に同じくドイツの公共放送である第一ドイツテレビ（ＡＲＤ）にて放映された「逃亡」について、拙稿「ドイツにおける第二次世界大戦の表象――加害国の被害意識をめぐって」歴史学研究会編『歴史を社会に活かす――楽しむ・学ぶ・伝える・観る』（東京大学出版会、二〇一七年）のなかで論じている。本稿の一部の節の内容については、そのなかでも略述されている。

（3）オーストリア放送協会（ＯＲＦ）でも放映された。

（4）Assmann, Aleida, *Das neue Unbehagen an der Erinnerungskultur. Eine Intervention*, München: C. H. Beck, 2013, S. 38.

（5）Scott, A. O., A History Lesson, Airbrushed. 'Generation War' Adds a Glow to a German Era, in: *The New York Times*, Jan. 14. 2014.『ニューヨーク・タイムズ』のこの批評に対するドイツでの反応としては、"Unsere Mütter, unsere Väter" in den USA. "Fünf Stunden Selbstmitleid", in: *Spiegel Online*, 15. 01. 2014, URL: http://www.spiegel.de/

kultur/kino/vernichtende-kritiken-fuer-unsere-muetter-unsere-vaeter-in-den-usa-a-943743.html

（6）Büchse, Nicolas/Schmitz, Stefan/Weber, Matthias, Weltkriegsfilm “Unsere Mütter, unsere Väter”: Das gespaltene Urteil der Historiker, in: *Stern* vom 23.03.2013.

（7）Way, Ingo, »Alles kommt im Film vor«. Julius H. Schoeps über »Unsere Mütter, unsere Väter«, in: *Jüdische Allgemeine* vom 21.03.2013.

（8）Büchse/Schmitz/Weber, Weltkriegsfilm “Unsere Mütter, unsere Väter”.

（9）ナチ体制崩壊後のドイツにおける「過去の克服」の進展については、石田勇治『過去の克服——ヒトラー後のドイツ（新装復刊）』（白水社、二〇一四年）を参照されたい。

（10）Broszat, Martin, *Nationalsozialistische Polenpolitik 1939–1945*, Stuttgart: Deutsche Verlags-Anstalt, 1961.

（11）Boog, Horst/Förster, Jürgen/Hoffmann, Joachim/Klink, Ernst/Müller, Rolf-Dieter/Ueberschär, Gerd R., *Der Angriff auf die Sowjetunion.* (Militärgeschichtliches Forschungsamt (Hrsg.), *Das Deutsche Reich und der Zweite Weltkrieg*, Band 4), 2. Auflage, Deutsche Verlags-Anstalt: Stuttgart, 1987.

（12）中田潤「国防軍の犯罪と戦後ドイツの歴史認識」『茨城大学人文学部紀要　社会科学論集』三五号、二〇〇一年、一—一八頁、西川正雄『現代史の読みかた』平凡社、一九九七年、二九四—三一一頁。

（13）Büchse/Schmitz/Weber, Weltkriegsfilm “Unsere Mütter, unsere Väter”.

（14）Browning, Christopher, *Ordinary Men: Reserve Police Battalion 101 and the Final Solution in Poland.*【クリストファー・ブラウニング『普通の人びと——ホロコーストと第一〇一警察予備大隊』谷喬夫訳、筑摩書房、一九九七年】

（15）Bajohr, Frank/Pohl, Dieter, *Der Holocaust als offenes Geheimnis. Die Deutschen, die NS-Führung und die Alliierten*, München: C. H. Beck, 2006.【フランク・バヨール、ディータァ・ポール『ホロコーストを知らなかったという嘘——ドイツ市民はどこまで知っていたのか』中村浩平、中村仁訳、現代書館、二〇一一年】; Gellately, Robert, *Backing Hitler. Consent and Coercion in Nazi Germany*, Oxford University Press, 2002.【ロバート・ジェラテリー『ヒトラーを支持したドイツ国民』根岸隆夫訳、みすず書房、二〇〇八年】; Johnson, Eric A. /Reuband, Karl-Heinz, *What we knew. Terror, Mass Murder, and Everyday Life in Nazi Germany*, Cambridge: Basic Books, 2006. Kershaw, Ian, *Hitler: A Profile in Power*, London: Longman, 1991.【イアン・カーショー『ヒトラー　権力の本質』石田勇治訳、

白水社、二〇〇九年】も同様の関心があることが見て取れる。

(16) 拙稿「『わが闘争』(注釈付)の刊行とドイツのヒトラー観」『思想』二〇一六年一一月号、一三四頁。

(17) Rede von Bundeskanzlerin Dr. Angela Merkel auf der gemeinsamen Gedenkveranstaltung der Bundesregierung und des Zentralrats der Juden in Deutschland zum 70. Jahrestag der Pogromnacht am 9. November 2008 in Berlin. URL: https://www.bundesregierung.de/Content/DE/Bulletin/2008/11/118-2-bkin-pogromnacht.html

(18) Rede: Bundespräsident Joachim Gauck. Gedenkkonzert des Brandenburgischen Staatsorchesters zum 75. Jahrestag der Novemberpogrome. URL: http://www.bundespraesident.de/SharedDocs/Reden/DE/Joachim-Gauck/Reden/2013/11/131109-Gedenkkonzert-Novemberpogrome.html

(19) Büchse/Schmitz/Weber, Weltkriegsfilm “Unsere Mütter, unsere Väter”.

(20) Assmann, *Das neue Unbehagen an der Erinnerungskultur*, S. 37.

(21) Leick, Romain, Die Wunde der Vergangenheit, in: *DER SPIEGEL*, 13/2013, S. 134–138.

(22) Ibid.

(23) Büchse/Schmitz/Weber, Weltkriegsfilm “Unsere Mütter, unsere Väter”.

(24) Ibid.

(25) Ibid.

(26) Ibid.

(27) Herbert, Ulrich, Nazis sind immer die anderen, in: *taz* vom 21. 03. 2013.

(28) 「ジェネレーション・ウォー」のなかには、ウクライナ人補助警察によるユダヤ人狩りを描写した箇所があった。

(29) Szarota, Tomasz, Geschichtsunterricht im Deutschen Fernsehen — erteilt von einem Lehrer mit Gedächtnisschwund, in: *Zeitgeschichte-online*, Juli 2014, URL: http://www.zeitgeschichte-online.de/thema/geschichtsunterricht-im-deutschen-fernsehen-erteilt-von-einem-lehrer-mit-gedaechtnisschwund

(30) “Unsere Mütter, unsere Väter”: Produktionsfirma in Polen vor Gericht, in: *Spiegel Online*, 18. Juli 2016, URL: http://www.spiegel.de/kultur/tv/unsere-muetter-unsere-vaeter-macher-in-polen-vor-gericht-a-1103564.html

(31) 拙稿「旧交戦国との歴史対話と越境する歴史認識」石田勇治、福永美和子編『想起の文化とグローバル市民社会』

勉誠出版、二〇一六年、一八五―二〇三頁。

(32) Szarota, Geschichtsunterricht im Deutschen Fernsehen.

(33) 二〇世紀ヨーロッパにおける強制移住についての展示を準備している財団「逃亡・追放・和解」の学術諮問委員には東欧を始めとする国外の研究者が委員として加わっている。現在は楽観できる状況にはないが、展示作成のために国際協力が必要だとの認識は揺らいでいない。

(34) Assmann, *Das neue Unbehagen an der Erinnerungskultur*, S. 35-36.

(35) Ibid. S. 41-42. とくに、放映後に設けられた証言の部で語られるドラマに類似した体験は、事実としての歴史、記述・表象される歴史、フィクションの三者のあいだの境界を曖昧にする効果をもったとアスマンは指摘する。

(36) Büchse/Schmitz/Weber, Weltkriegsfilm "Unsere Mütter, unsere Väter".

(37) Welzer, Harald/Moler, Sabine/Tschuggnall, Karoline, *„Opa war kein Nazi". Nationalsozialismus und Holocaust im Familiengedächtnis*, Frankfurt am Main: Fischer Taschenbuch Verlag, 2002, S. 150ff.

(38) 第二次世界大戦終結七〇周年にあたる二〇一五年五月八日に連邦議会で行った記念演説のなかで、今日のドイツを代表する歴史家ハインリヒ・アウグスト・ヴィンクラーは、すべてのドイツ人に歴史への自覚を求めた。Rede von Prof. Dr. Heinrich August Winkler zum 70. Jahrestag Ende des Zweiten Weltkrieges 8. Mai 2015. URL: https://www.bundestag.de/dokumente/textarchiv/2015/kw19_gedenkstunde_wkii_rede_winkler/373858

(39) Fechter, Bernd, Zwischen Tradierung und Konfliktvermittlung. Über den Umgang mit „problematischen" Aneignungsformen der NS-Geschichte in multikulturellen Schulklassen. Ein Praxisbericht, in: ders. /Gottfried Kosler/Till Lieberz-Gros (Hrsg.), „Erziehung nach Auschwitz" in der multikulturellen Gesellschaft, Weinheim; München 2001, S. 208; Georgi, Viola, *Entliehene Erinnerung, Geschichtsbilder junger Migranten in Deutschland*, Hamburg: Hamburger Edition, 2003, S. 303f.

(40) Assmann, *Das neue Unbehagen an der Erinnerungskultur*, S. 64.

(41) Ibid. S. 63ff. コーニッツァーは、単に被害者に自己同一化する(opfer-identifiziert)記憶のあり方を批判する議論の正しさに理解を示しつつ、被害者に共感をもつ(opfer-orientiert)記憶のあり方をそれとは別のものとして考えることで、ナチの過去をめぐる記憶の文化に関する議論をより深めることができると指摘している。Konitzer, Werner, Opfer-

orientierung und Opferidentifizierung. Überlegungen zu einer begrifflichen Unterscheidung. in: Margrit Frölich/Ulrike Jureit/Christian Schneider (Hrsg.), *Das Unbehagen an der Erinnerung — Wandlungsprozesse im Gedenken an den Holocaust*, Brandes & Apsel, 2012, S. 119-127, hier bes. S. 119-120.

(42) 空爆の記憶、「追放」の記憶が強調されるようになったことがそれにあたる。統一以降のドイツにおける被害経験の記憶の活性化と変容については、本章注31石田、福永編『想起の文化とグローバル市民社会』に収録された柳原伸洋「ドレスデン空襲の公的記憶の変遷と拡がり——コヴェントリーとの関係を中心に」(二三五—二五二頁)、拙稿「ポーランドとの和解に向けて——「追放」の長い影」(一六五—一八四頁)を参照されたい。

(43) Büchse/Schmitz/Weber, Weltkriegsfilm "Unsere Mütter, unsere Väter".

(44) 第二次世界大戦の加害国における被害意識という論点については、本章注2拙稿「ドイツにおける第二次世界大戦の表象」での議論を参照されたい。

第3章　証言と歴史を書き記すこと《エクリチュール》
――ショアーの表象をめぐって

アネット・ヴィヴィオルカ
安原伸一朗（訳）

第二次世界大戦の終結から七〇年経つ現在、ショアー（ナチス・ドイツによるユダヤ人の集団殺戮）が、これまでに夥しい数のあらゆる方法で表象されてきており、今もなお表象され続けていることは、衆目の一致するところである。数十万もの人びとの証言、歴史を多角的に検証する歴史学の著作群、小説、芸術作品、記念館、ドキュメンタリー映画やフィクション映画、劇画等々、これまでに生み出されてきたすべてのものを知ることなど、もはやできることではない。「ヨーロッパ・ユダヤ人の絶滅」（ラウル・ヒルバーグの著作名〔上下、柏書房、一九九七〕）は、世界史の一ページとなり、現代社会の想像の領域で一角を占めるようになった。この出来事の表象可能性や、この出来事を経験した人びとの体験の言語化しえない性質、そして、この出来事の歴史の叙述法をめぐっては、一九八〇年代末まで、ヨーロッパの知識人たちが議論を重ねていたが、それもすでに過去のものとなった。オランダ人のアンネ・フランク、イタリア人のプリーモ・レーヴィ、ノーベル文学賞を受賞したハンガリー人のケルテース・イムレ、フランス人のシャルロット・デルボ、イスラエル人のアハロン・アッペルフェルドなど、いくつかの例に留めておくが、偉大な〈証言―作品〉はいくつもの言語に翻訳され、今日では世界文学の遺産の一部をなしている。クロード・ランズマンが、映画『ショア』（一九八五）のなかで過去の映像やフィクション――これらをランズマンは「猥褻なものだ」という――を用いることを厳に慎んでいる一方で、アメリカ人のスティーヴン・

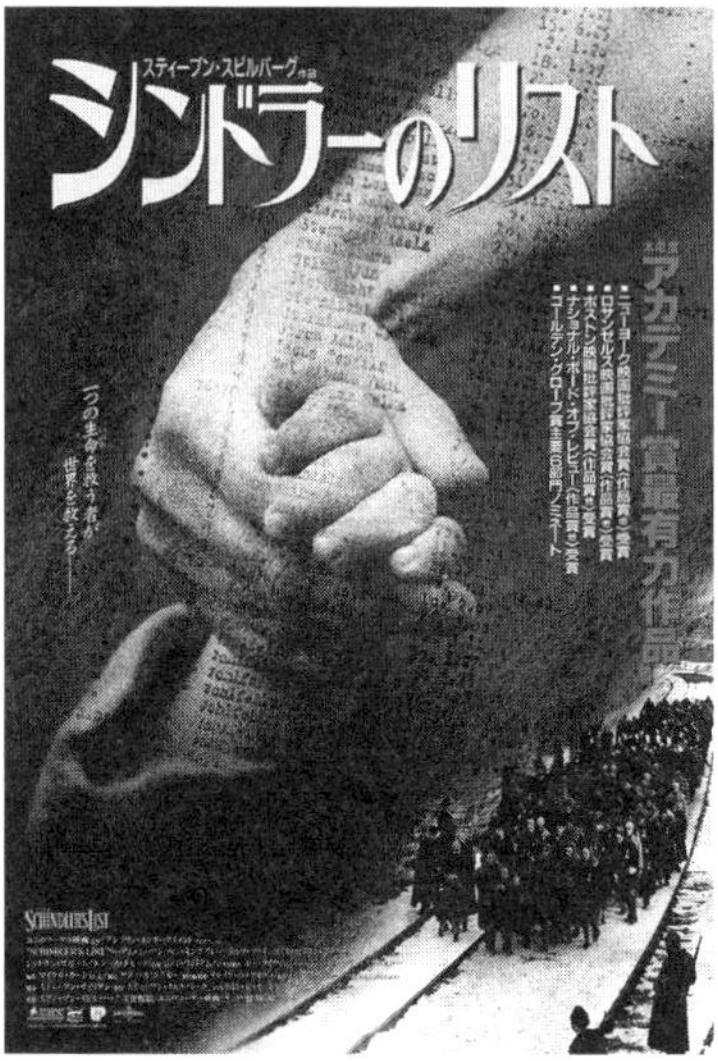

『シンドラーのリスト』

スピルバーグの『シンドラーのリスト』（一九九三）から、ごく最近のものでは、フランスでおよそ三〇〇万人が鑑賞し、その多くが学校の生徒たちだったローズ・ボッシュの『黄色い星の子供たち』（二〇一〇）にいたるまで、出来事の再構成という手法を用いたフィクション映画が次々に制作されている。『黄色い星の子供たち』は、「ヴェル・ディヴ事件」という名で知られる、〔フランス警察による〕パリでのもっとも大規模なユダヤ人一斉検挙を再現しているが、倫理的な問いを引き受けるような作品ではなかったにもかかわらず、公開時に噴出したわずかながらの批判も人びとの耳には届かずに終わった。

＊＊＊

ここで取り上げるこの出来事には、呑み込まれてしまったイディッシュ語世界の生き残りたちの間を除いては、久しく名前がなかった。イディッシュ語は、この出来事の犠牲者の大半をなす者たち、とりわけ三〇〇万人を数えるポーランドのユダヤ人たちの言語だった。彼らにとってこの出来事は、〈破壊〉を意味するHurbnであり、古代イェルサレムの二回の神殿の破壊に続く、「第三の破壊」と見なされることもあった。他の人びとにとっては、アイヒマン裁判においてこの出来事が別個に扱われるようになるまでは、たんに「戦時下」の事柄にすぎなかった。法律家ラファエル・レムキンが一九四四年に「ジェノサイド」という言葉を創出してから、この出来事は、控え目に、ユダヤ人に対する「ジェノサイド」と呼ばれることもあった。「ジェノサイド」という言葉は、国連が一九四八年、「集団殺害罪の防止および処罰にかんする条約」を採択した際に法的規定となったが、言葉として定着するには何十年もかかった。一九六一年四月一一日にイェルサレムで開廷したアドルフ・アイヒマン裁判、あの「ユダヤの民のニュルンベルク裁判」(イスラエル元首相のダヴィド・ベン゠グリオンの表現)において初めて、ユダヤ人に対するジェノサイドは、第二次世界大戦期の一つの明確な出来事として構成され、他のナチの犯罪の種々の側面から区別されたのである。

『ショア』

フランスでは、一九七〇年代末から八〇年代初頭にかけて、この出来事をどのように名づけるべきかをめぐって激論が交わされた。「ホロコースト」(語源的には「燔祭」を意味する)という言葉は、フランスの研究者や知識人たちから退けられた。ユダヤ人に対する殺戮は、彼らからすれば、いささかも供犠などではなかったからである。「ジェノサイド」という言葉は、この出来事の特異性を十分に伝えるものではないと判断された。というのも、フランスのもっとも著名な女優の一人であるブリジット・バルドーが、一九七六年、「仔アザラシのジェノサイド」に反対する国際的なキャンペーンを行ったことからも顕著であるように、この言葉によって、あらゆる比較や混同が可能になってしまうからだ。イスラエルで用いられていたヘブライ語の「ショアー」という言葉は、クロード・ランズマンの大作映画『ショア』によって人口に膾炙するよりも前に、とくに歴史教師たちによって用いられるようになっていた。この言葉は「カタストロフ」を意味する。

今日では、用語をめぐるこうした議論は一段落しており、この出来事は、その特異性を示す一つの名をもつようになった。フランスとイスラエルでは「ショアー」、アングロ＝サクソンの国々や、国際的な文書や審級の大半では「ホロコースト」と呼ばれている（もっとも、一部の研究者はジェノサイドという言葉を用いるのを好む）。一九三九年からナチの文書に登場する〈最終解決（Endlösung）〉という言葉は、ドイツの歴史家たちが好んで用いている。この言葉は、ナチによる絶滅のメカニズムに力点を置いているからである。

久しい間、これはユダヤ人の事柄として民間の研究所で扱われるに留まり、大学からは無視されてきた。その後、またしてもアイヒマン裁判の余波なのだが、この出来事は、共同体の意識のなかに徐々に上るようになってきた。そして一九八〇年代以降、文字どおり、ショアーの記憶の「ブーム」が出現している。

＊　＊　＊

こうした状況のなかで、証人は一つの特異な位置を占めている。しかし、そもそも出来事が起きて以来、証人は特異な位置を占めてきたのだった。そこで私は、今回の講演では主に、証人と証言について述べることにしたい。

犠牲者は、この出来事の渦中から証言してきたばかりでなく、私的な日記や詩、種々の証言、さらには小説にいたるまで、すでにありとあらゆる形で証言してもきた。もっとも瞠目すべき執筆の試みは、一九四〇年一一月二〇日に、隔壁で封鎖されたワルシャワ・ゲットーに閉じ込められた四〇代の若き歴史家、エマヌエル・リンゲルブルムによるもの〔『ワルシャワ・ゲットー』みすず書房、一九八二〕であろう。彼は、自ら創設した世界で唯一の抵抗拠点を、イディッシュ語でOneg Shabbat〔オネグ・シャバト〕、すなわち「安息日の悦び」と名づけた。教師やラビ、研究者や著述家、実業家や理想に燃える青年たち、あらゆる政治的傾向の人びとからなる「同志団」は、いったい何が起こっているのか、自分たちが何を目の当たりにしているのか、そして自分たちが何を理解しているのかを、原則としてイディッシュ語で、また同時にヘブライ語やポーランド語でも書き留めていた。これらの人びとの役割は、手法の面でもテーマの面でも前代未聞である一つの計画を遂行することにあった。つまり、口頭での聞き取りや作文コンクール、学校の子供たちの文章、包装紙まで含む、ありとあらゆる物質的痕跡の収集である。これらのおかげで、ユダヤ人とポーランド人との関係や、居住者委員会、数々の余興、ゲットー内で道徳が崩壊していく様子、腐敗、ユダヤ人警察、女性たち、戦後を思い描く子供たちの想像といった、きわめて多種多様な主題について研究を進めることができるようになったのは間違いない。リンゲルブルムのこの集まりの目的は、ゲットー内の生活にかんする最初の歴史を書き記すことにあったが、ワルシャワのユダヤ人の大部分が対象となった一九四二年七月の「大作戦」――ほぼ三〇万人がトレブリンカへ移送され虐殺された――によって、そうした企図は頓挫し、絶滅へと導かれる一民族の痕跡を保存することに代わった。

痕跡を残すというのは、エマヌエル・リンゲルブルムが説明しているように、ゲットーでは「誰もが書いていたからだ[……]。ジャーナリストや著述家はもちろん、教師や福祉職員、青年や子供たちさえも。多くの場合は日記であり、そのなかでは、この時代の悲劇的な数々の出来事が、個人的経験のプリズムを通して理解されているのだった」(『ワルシャワ・ゲットー』)。あちこちで見受けられる書き記すことへのこの情熱は、ヨーロッパに古くから存在するユダヤ人たちを根こぎにし、その痕跡さえをも消し去ってしまおうとするナチの意志に対する、一つの応答なのである。書くことは、想像を絶する出来事の痕跡を残して、ある意味では自分の死後も存続させたいという、命がけの衝動になったのだ。種々のユダヤ機関(パリのユダヤ現代資料センター、ワルシャワのユダヤ歴史研究所、ニューヨークのYIVO〔ユダヤ調査研究所〕、イェルサレムのヤド・ヴァシェム)によって、これらの書き物は収集され、証言の収集が続けられてきている。一九四六年から五〇年にかけて、リンゲルブルムの二束の記録が、ワルシャワ・ゲットーの廃墟のなかから発見された。それは、「安息日の悦び」の活動家たちによって地中に埋められた文書の大部分をなしていた。その文書の存在は、アメリカ人ジャーナリスト、ジョン・ハーシーの手になる小説によって、ただちに広く知られるところとなった。ハーシーは、『ヒロシマ』〔一九四六〔法政大学出版局、一九四九〕〕のルポルタージュ——これは六人の生存者たちの証言に基づいた話だ——で著名になっていた人物である。ワルシャワ・ゲットーを舞台にし、主人公をその記録者に設定したハーシーの小説『壁』〔一九五〇〔上下、改造社、一九五〇〕〕は、国際的にベストセラーとなった。

ゲットーで書かれたものにはすべて、一つの共通点がある。すなわち、墓の彼方からの書き物だという点である。それらは、その書き手がすでに亡くなっているにもかかわらず、私たちに届いたのだから。それらは、形式こそ異なれど、個人的な事柄を共同体の事柄に結び合わせたいという一つの同じ欲望にしたがっている。死にゆく人は、自分の後に子孫が残されないこと、そして誰一人として、ユダヤ教の伝統に沿って死者の祈りを唱えてもらうこともなければ、自分の命日を記憶してくれることもないだろうと知っている。そのうえ、死にゆく人は、自分も一員であるその民族が地上から消し去られてしまうであろうことさえ知っている。記憶からも歴史からも消滅しないようにするには、いったいどうすればいいのだろうか。

ドイツからルーマニアにかけて、ポーランドのゲットーからソ連まで、ハンガリーからナチ占領下のフランスまで、いたるところで……、そう、ガス室の入口においてさえ、犠牲者たちは、日記をつけ、手紙をやり取りした。それらは、ときに意表を突く方法で、私たちに残されている——それらを書いた人びとの大半は生き残らなかったというのに。日本語に訳されていると思しき何人かの書き手たちの名を挙げておきたい。ドイツで生き延びたヴィクトール・クレンペラー〔『私は証言する』大月書店、一九九九〕、アムステルダムおよびウェステルボルク収容所のエティ・ヒレスム〔『エロスと神と収容所』朝日選書、一九八六〕、アムステルダムのアンネ・フランク〔『アンネの日記』文藝春秋新社、一九五二〕、ワルシャワのヤヌシュ・コルチャック〔『コルチャック先生のいのちの言葉』明石書店、二〇〇一〕、パリのエレーヌ・ベール〔『エレーヌ・ベールの日記』岩波書店、二〇〇九〕。

こうした大量の証言を生む最初の動きは、ヨーロッパ大陸がナチズムから解放されても、留まるところを知らなかった。生存者たちはいたるところで書き、彼らの書いたものは選集として書物にまとめられ、破壊されたユダヤ共同体の備忘録になっている。それらの書き物はまた、きわめてすばやく書かれながらも出版には何年も要することがあり、当時はほとんど読者がいなかったにしろ、証言を行った最初の作品群でもあり、なかには傑作も見られる。『人類』〔未来社、一九九三〕の作者ロベール・アンテルムが記しているように、多くの生存者たちは、「文字どおり表現の出血」〔Robert Antelme, «Témoignage du camp et poésie», *Le patriote résistant*, no 53〕を知ったからであり、それによって彼らは、まるで筆を執らざるをえないかのような状況に置かれていたのである。

そうした物語のうちでもっとも有名なものは、生還後ただちに書かれた、プリーモ・レーヴィの『これが人間か』〔朝日選書、二〇一七〕である。レーヴィはその本のなかで、苦しみを共にした仲間たちの多くに共有される、一つの悪夢を描いている。帰ってきた彼は、我が家で内輪の人たちに囲まれている。彼は自分の話を語り始めるが、気づくと誰ひとり耳を傾けていない、というものだ。イタリアの零細出版社から刊行されたレーヴィのこの物語は、当時、誰の関心も惹かなかった。

シャルロット・デルボは、『アウシュヴィッツとその後』三部作の第一巻『私たちの誰も戻ることはない』〔「アウシュヴィッツの唄」『現代世界文学の発見　第六巻』學藝書林、一九七〇〕を、生還後すぐに書き始めたにもかかわらず、刊行するのに一九六五年まで待つことを選んだ。著名な俳優で演出家ルイ・ジューヴェの助手を務めた彼女は、ジロドゥ、ラシーヌ、マリヴォー、モリエールなど、フランス演劇の偉大なテクストの薫陶を受けていた。

デルボは当初、一九四三年一月二七日からアウシュヴィッツ＝ビルケナウ収容所に収容されたが、その後に配属された、ビルケナウよりは良好な生活環境のライスコの農業コマンド〔アウシュヴィッツ外郭の作業所の一つで、企業も参加してゴムの研究などが進められた〕において、仲間たちと一緒に『病は気から』を上演している。生還後、病に侵されていた彼女は、スイスで療養し、証言を書き始める。なるほど、彼女は真実を、あるいはむしろ真実性を念頭に置いていた。彼女の文体は、外科医のような正確さをもち、自分の乳房や仲間たちの乳房がどのようになっていたかという、衰弱しきった身体のどのような側面も、読者の目に隠そうとはしない。とはいうものの、デルボはすぐに、自分の文章を文学に組み入れようという野心を抱く。当時、自分たちの記憶を書き記していた他の多くの人びととは異なって、彼女は、ユダヤ人の強制収容および虐殺がどのようなものであったのかを、単に記録するに留まろうとはしなかった。彼女は、作品をつくろうとするのだ。『レクスプレス』誌〔一九六六〕のインタヴューにおいて、彼女はこう言い切っている。「強制収容は文学になりえないと言った人もいます。それはあまりにもおぞましいから、私たちにはそれに触れる権利などないのだ、と……。そう述べることは、文学を矮小化してしまうことです。思うに、文学は、あらゆるものを包摂するほど大きなものなのです。作家たるもの、自分に関係する事柄について書かねばなりません。私はあそこに行きました。だとすれば、どうして私には、自分が書きたいと思っている事柄をここに書き記す権利がないというのでしょう。それを言い表す言葉がないですって。それなら、そうした言葉を見つければいいだけの話です。言葉にならないものなど、何一つありません」〔Madeleine Chapsal, «Rien que des femmes», entretien avec Charlotte Delbo, *L'express*, 14–20 février 1966, no 765〕。

＊　＊　＊

シャルロット・デルボの『私たちの誰も戻ることはない』が刊行されたのは一九六五年、執筆から二〇年後のことだ。その作品は、エレノア・ルーズヴェルトやヴァージニア・ウルフが並ぶ、初めての女流作家叢書に収められたが、この出版が可能となったのも、アイヒマン裁判、およびその裁判において数々の証言が占めた地位によって切り拓かれた、新たな状況があったからだ。

ラヘル・アウエルバッハは、「安息日の悦び」で生き残った三人のうちの一人である。彼女はワルシャワで、証言を執筆すると同時に数々の証言を収集してもいた。そして彼女は、ポーランドのゲットーを生き延びた人びとの多くと同じように、イスラエルに移住する。イスラエルでは、イェルサレムのヤド・ヴァシェムに保管される生還者たちの証言の収集に際して決定的な役割を果たし、次いで、ギデオン・ハウスナー検事によってなされた、アイヒマン裁判を構成する証人たちの発言の取捨選択に際して、決定的な役割を果たすことになった。イスラエル人のハウスナー検事は、こう記している。「どのような裁判においても、真実をめぐる論証や判決の言い渡しは枢要ではあるが、それのみが審議の対象というわけではない。裁判はえてして、更生への意志や模範への配慮を有している。裁判は、耳目を集め、話＝歴史を語り、道徳を招き寄せるものなのだ」。

その話、すなわち一九三三年一月のヒトラーによる権力掌握から一九四五年五月八日のドイツ降伏までのユダヤ人迫害の話を語るために、ハウスナーは、法廷に召喚しうる限りの証人たちを頼ることにした。ドイツのニュルンベルクで一九四五年から四六年にかけて行われたニュルンベルク裁判では、ナチ高官の犯罪が裁かれたが――そのアジア版が東京裁判である――、きわめて退屈なものだった。なぜならそれは、たしかに、ナチの戦争機構がどのように機能したか、そして一般市民に対する種々の罪がどのように犯されたかを解明してはくれるが、本質的な点では、書類に基づくものだったからであり、書類が傍聴人たちの前で延々と読み上げられるものだったからだ。アイヒマン裁判は反対に、人びとの心に訴えようとした。つまり、「国民的災厄を烈々と心に迫る火文字で記そう」〔ハウスナーの言葉〕としたのだ。法廷には一一〇人もの証人が列をなした。彼らの声は、宗教的とも言える静けさのなかで聴かれた。証人の言葉は、ラジオを通じてイスラエル人たちに、テレビを通じてアメリカやドイツ、さらに他の国々へと伝えられた。アイヒマン裁判はこうして、生き残った人びとの経験に対してそれに相応しい尊厳を与え、その経験を歴史の一ページとする最初の機会になったのである。この裁判で、生還者たちはイスラエル社会に統合された。この裁判は、歴史の担い手となった証人の登場を印づけるものだったわけである。

今日では、生還者たちがイスラエルを含むあらゆる国々でどのように遇されてきたかといったことや、彼らが当時、恥辱や自責の念を抱いていたことを想像するのは難しい。彼らは、自分が助かるために最悪の事柄を犯したのではないかという疑念を向けられることもあったし、語ろうとすると、無関心や軽蔑あるいは不信に出くわした。彼らの近親者たち――いったい収容者を出さなかったユダヤ人家庭があっただろうか――は、生還者たちが耐え忍んできた事柄に我慢強く耳を傾けようとはしなかったのである。そうした証言のなかから一つだけ、リヴカ・ヨッセレヴスカの例を取り上げたい。彼女は、アイヒマン裁判の傍聴者、とりわけ法廷に押し寄せたジャーナリストたち（開廷時には四〇〇人を超えた）全員に、強烈な印象を残している。ジャーナリストが押し寄せたのは、この裁判が、全面的にメディア化された出来事だったからである。裁判がテレビ放映のためにビデオに録画されたのも、これが最初だった。

リヴカ・ヨッセレヴスカは、亡くなった自分の家族や生まれ故郷について一つ一つ名を並べて供述することを道義上の責務――その責務の重みゆえに彼女は心臓に不調を来したが――として自らに課し、自分の家族の名誉を回復するために法廷に姿を現わした。ハウスナー検事が述べる如く、それは一つの話＝歴史《イストワール》であり、「語るのも辛く、聞くのも辛い」ものだった。彼女の話は、血の凍る思いをさせるものだ。一九四二年九月のある日、彼女の住むポーランドの小さな町のユダヤ人たちは、集合せよという命令を受け取った（ヨッセレヴスカが生まれたのはベラルーシのピンスクに近いザグロスキという町だが、その町は一九三九年にポーランド領になっていた）。彼女は、八歳になる娘のマルタを連れて行った。集合場所に着くと、ユダヤ人が、穴を掘ってできた「盛り土」の上に登らされているのが見えた。SSたちが次々にそれらのユダヤ人たちに発砲した。彼女の娘は慧眼だった。偉大な歴史家サユル・フリードレンダーが、ショアーを通じてもっとも慧眼だったのは子供たちや青年たちだと示しているとおりである。娘は母親に尋ねた。「ママ、あの人たちが私たちを連れてきたのは殺すためだというのに、どうして私にシャバト〔安息日〕の服を着せたの？」。まずマルタが殺された。リヴカは頭を負傷した。彼女は自分の負った傷跡を法廷で見せ、他の人びとも彼女に倣うことになった。彼女は再び穴の上に出てきた。「いくつもの体が私に噛みつき、ひっかき、穴の下の方へと引きずりおろそうとしましたが、私は地上に出ました」。一九七九年、フランス系イスラエル人の著名なドキュメンタリー映像作家ダヴィッド・ペルロフは、映画『アイヒマン裁判の記憶』のなかで、法廷での自分の証言の録音を聴くリヴカ・ヨッセレヴスカを撮影している。彼女の顔には、計り知れぬ悲しみが浮かぶ。彼女はペルロフに、「私たちはそれでも生きている」と述べる。イスラエルでは、多くの人が彼女の話と似たような話を抱えている。彼らがけっして本当には乗り越えることのできなかった話を。

＊　＊　＊

一九七〇年代末になると、証言を大規模に収集する段階に入る。そうした最初の試みは、イェール大学にある、ホロコーストの証言のためのフォーチュノフ・ビデオ・アーカイヴである。また、スティーヴン・スピルバーグの計画〔ショアー基金〕は、産業的とも言える規模を有するものだった。きわめて短期間に、ヨーロッパ各国で数万もの証言が記録されたのである。

長い間、歴史家は証人たちに信を置かず、証人たちの書いたものや言葉よりも、文書、それもとくに、行政機関の文書を好んで扱ってきた。それらの文書によって、ナチの殺人機構がどのように機能したかが記述できるというのだった。だがそれでは、その殺人機構の犠牲になった者たちをも考慮に入れた、全体的な一つの歴史を記述することはできない。一九七八年、歴史家であるサユル・フリードレンダーは、自身の幼少期の体験をめぐるたいへん美しい物語『記憶の来たるとき……』を刊行する。彼は、両親と共にプラハを離れてパリに移り、パリにドイツ軍がやって来るとフランスの非占領地域へと移る。状況が抜き差しならぬものとなってきたのを感じた両親は、彼の名を偽ってカトリックの施設に預けた。そして両親は、スイス行きを試みたものの徒労に終わり、捕えられ、移送され、アウシュヴィッツで殺害されたのだった。

彼はこの著作のなかで、自分を苛む数々の問いかけを記している。ナチズムの本質とは何か。ユダヤ人の生きていた社会は、迫害者たちを前にしてどのように振る舞ったのか。迫害下でも続く日々の喜びや苦しみに満ちた生活と、切迫する死とのコントラストを、どのように表現すべきなのか。フリードレンダーは、この記憶の書物のなかで、犠牲者たちが身を隠すことができなくなったときに陥るアポリアを見事に描き出している。犠牲者たちは、ユダヤ人であるというだけで地上に生きる権利を剝奪されたのであって、ナチやその協力者が勝手に押しつけてきたユダヤ性とやらには、死すべきいかなる理由も見出すことができない場合もあったのである。

フリードレンダーは、まずは精神分析を用いて、次いで表象の問いに取り組むことを通じて、ナチの反ユダヤ主義を説明しうるような一つの鍵を探してきた。『ナチズムの美学』（一九八二〔社会思想社、一九九〇〕）は、彼の思考の概念的な行き詰まりを示すと同時に、彼の思考の刷新を示してもいる。問題になっているのは何か。フリードレンダーは、ミシェル・トゥルニエの『魔王』（一九七〇〔二見書房、一九七二〕）、ルキーノ・ヴィスコンティの『地獄に堕ちた勇者ども』（一九六九）、あるいは、ハンス＝ユルゲン・ジーバーベルクの『ヒトラー、あるいはドイツ映画』(一九七七)といった作品をもって、文学や映画は、ナチズムをめぐる一つの新たな言説を創り出した、という確認から出発する。彼はこう説明する。「これらの作品が示しているのは、徹底して論理的な分析の限界に直面した失望である。そこに表現されているのは、直観的な理解やメタファー、とりわけ視点の複数性を作動させようという曖昧な欲望だ。このような美学は、意図的であろうとなかろうと、暴虐に対する数々の覗き見趣味的な逸脱を伴ってはいるが、私たち歴史家に、ナチズムをめぐるあまりに単純で一義的で整序されたアプローチとは手を切るよう促してくる。ナチズムには、何かしら説明不可能な点があるということ、端的に言えば、抽象的な理論やモデルでは不十分だということに注意を促してくれるのだ」(『ナチズムの美学』)。

そこで扱われているこれらの作品は、想像の領域に対するナチズムの影響力を明らかにしている。だが、フリードレンダーはまた、ジークフリート・クラカウアーの映画論に沿う形で、とりわけ次のように考えてもいる。「ナチズムをめぐる新たな言説の分析によって次第に明確になってきたのは、過去をこのようにあらためて喚起して再解釈を施すことが、過去そのものをよりよく理解するのに資するということ、なかんずく、その心理的次元をよりよく理解するのに資するということである」(同右)。フリードレンダーは、この心理的次元を執拗に追究する。「現在〔これは一九八二年の文章である〕における過去の再構築は、ときに、過去のもつ意想外の側面を露にするやり方で、過去の現実を提示してくれる」(同右)。フリードレンダーはこうして、彼によればまさに私たちの目から逃れてしまう現象の理解を、多角的なアプローチを用いることで、さらに深めようと望んでいるわけである。この短くはあるが先駆的な書物以来、文学や映画を扱う共著や個別研究の数は、研究対象となる作品そのものと同じく増えてきており、研究者がたった一人でこの膨大な文学を取り扱うのは、もはやできない相談である。

しかしおそらく、そうしたアプローチはフリードレンダーを失望させたのだろう。たしかに彼は、『アウシュヴィッツと表象の限界』という画期的なシンポジウムに基づく共著〔未来社、一九九四〕、つまり表象をめぐる問いの専門家――その数は増えている――がきわめて重視するこの共著を編集する際に、ナチズムの諸表象にかんする省察を放棄しているわけではない。だが彼は、この水脈から離れて、歴史記述の新たな形に身を捧げることになる。

フリードレンダーは、全二巻の主著『ナチス・ドイツとユダヤ人』〔一九九八、二〇〇八〕において、「統合された歴史」、つまり、あらゆる視点から描かれた一つの歴史を語ることを選び取ったのである。あらゆる視点というのは、ヒトラーから一般的なドイツ人にいたるドイツ人たちの視点、迫害されるユダヤ人たちが生活していた諸々の社会の視点、そして犠牲者たちの視点である。ここに大きな革新がある。なるほど、二つの並行する歴史記述が存在しており、一つは、大学での研究にふさわしい威厳を備えた記述〔殺人機構の研究〕で、もう一つは、「共同体にまとまった」状態にある犠牲者たちの記述〔歴史に書き込まれるほどの価値を認められることはほとんどない〕なのだが、この二つはそれまで、まったく交わってこなかったからである。

この物語は、膨大な歴史資料に依拠している。フリードレンダーは、犠牲者と殺戮者の双方におけるイデオロギー的および文化的諸要因を、分析の前面に据えている。この意味において、彼は、ラウル・ヒルバーグやクリストファー・ブラウニングといった他の歴史家とは一線を画している。フリードレンダーはまた、「新機能派」を標榜するゲッツ・アリーやウルリヒ・ヘルベルト、あるいはクリスティアン・ゲルラッハといったドイツの歴史家たちにも対立している。新機能派の歴史家によれば、ドイツ人は、ユダヤ人を殺戮することで具体的な目的、すなわちユダヤ人たちの財産を渇望する点で物質的な目的を、ヨーロッパを民族的に作り直すのを望む点で人口統計的な目的をそれぞれ追求していたという。この考えに従うなら、ソ連領内でドイツ参謀本部によって遂行された総力戦、そしてユダヤ人や他の人びとに対するアインザッツグルッペン〔移動虐殺部隊〕による殺戮は、最終的に、穀潰しどもを消し去ることで人びとに食糧および物資を供給するためだった、ということになってしまう。フリードレンダーは、こうした要素が実際にあったことやその重要性を否定しはしないが、彼があらためて中心に置くのは、イデオロギー的かつ文化的な諸要因であり、そのなかでも、一九一九年の最初期の文章から、自殺直前に掩蔽壕《えんぺいごう》で口述筆記された有名な遺書の核心部分にいたるまで顕著だった、ヒトラーの狂信的反ユダヤ主義である。

フリードレンダーの本作の独創性と力強さは、物語の構成に存している。この著作は一連の挿話から構成されており、それらの挿話はいずれも、時間軸に沿って並べられ背景を示された諸々の出来事に対するそれぞれの観点から描かれている。そうすることで、歴史は、多様な形の合唱によって語られるのだ。これは、全体として見るならば、印象派の絵画やモザイクを彷彿させる。『ナチス・ドイツとユダヤ人』の文体は正確で無駄がなく、中立的で外科医を思わせるもので（たとえ刺々しいユーモアを通じて、ある種の静かな暴力が時おり表現されるにせよ）、本作は歴史を記述する傑作の一つである。

＊　＊　＊

フリードレンダーが主張するように、歴史家はもはや、家族の歴史に立ち入ることも、自分の主観的な部分を堂々と引き受けることも恐れない。「大鎌をもった」歴史（ジョルジュ・ペレック『Wあるいは子供の頃の思い出』の表現）によって数々の家族は打ちのめされ、まだきわめて幼かったにもかかわらずすでに被ってしまった喪失から癒されることのない、一群の孤児たちが生み出された。そうした子供たちは、まったく覚えておらずほとんど痕跡も残さなかった両親たちを探し求め始める。痕跡がほとんどないというのは、フランスのあまたの家庭における消失という事態が、ナチが「M作戦」と呼んだ動産の収奪作戦での略奪による、あらゆる事物の消失でもあっ

『マウス』

たからである。ナチは、居住者や所有者が去った住居を空っぽにしたので、生存者には、道具や思い出の品、家族の文書類、写真が、一つも残されなかったのである。こうした孤児たちのなかでも、小説家ジョルジュ・ペレックや劇作家ジャン＝クロード・グランベールは、消失を通じて全体を彫琢した作品を生み出している。

彼らの次には、生還者の子供たちによる創造の時代がやって来る。そのなかの傑作といえば、おそらく、アート・スピーゲルマンの劇画『マウス』（晶文社、I：一九九一、II：一九九四）であろう。彼は、長きにわたって父に問いかけるばかりか、とくにアウシュヴィッツの跡地に赴き、相当量の正確な調査資料をまとめ上げている。彼の語る話は、自分の両親の話でありながら、また同時に彼自身の話、つまり、戦後のアメリカに生まれ、ショアーの長く伸びる影のなかで成長した一人の子供の話でもある。そうした子供たちや孫たちは、アウシュヴィッツという名の「秘密」を追いかける。このような自伝的領野はまだ開拓途上であり、多くの人びとがおのれの才能を賭けてこの領野に分け入っているが、売れ行きは千差万別だ。これらの作家の関心は、自分自身の人生における喪失の響きを推し量ることにある。探究の規模や作家としての才能の点から見て、ダニエル・メンデルゾーンの『喪失』は特筆すべきものである。

* * *

各方面から、もうたくさんではないかとの声が上がる。すべては言い尽くされただろうし、新しい映画や新たな書籍、新たな研究がいったい何の役に立つのか、と。それでも、流れが止むことはない。毎週のように新たな書物が刊行され、映画館やテレビでは新たな映画が上映されている。そんななか、二本の映画がセンセーションを巻き起こした。一つは、ハンガリー人の監督ネメシュ・ラースローによる『サウルの息子』であり、多くの賞、とくに、二〇一五年のカンヌ国際映画祭グランプリと二〇一六年のアカデミー賞外国語映画賞というもっとも権威ある賞を受賞した。審査は紛糾すると予想されていたが、満場一致だった。この映画は、ハンガリーからアウシュヴィッツ=ビルケナウに移送され、ゾンダーコマンド〔収容所内で死体処理などの作業に携わった囚人部隊〕に配属された、サウル・アウスレンダーの人生の二日間を描いているという点で、時の単一〔一つの場所で二四時間内に起こる一つの筋を描くべしという、作劇法における三単一の法則〕に基づき、アウシュヴィッツのガス室・焼却棟区画を舞台にしているという点で場所の単一に基づき、サウルが、自分と同じようにハンガリーから連れて来られて、ガス室に入れられたものの死なずにその後惨殺された少年が自分の息子であると確信し、彼を埋葬しようと決意するという点で、筋の単一に基づいてつくられている。リアリズム映画である本作は、死の機構のもっとも間近に接近しており、ビルケナウというバベルの塔における言葉の響きの世界〔『サウルの息子』ではドイツ語、ハンガリー語、ポーランド語、イディッシュ語などが用いられている〕を再構成してくれる。

『サウルの息子』

もう一本は、これとはかなり異質のものだ。それは、戦後、教育者たちを悩ませてきた一つの問題、すなわち、ナチズムの歴史を伝えるという問題を取り上げている。この問題は、フランスにおいては、とくに大都市近郊における中等教育が危機を抱えていることから、深刻なものになっている。『奇跡の教室』(二〇一四)のマリー＝カスティーユ・マンシォン＝シャール監督は、脚本を共同執筆したアハメッド・ドゥラメが高校生の頃に経験した話に着想を得ている。この映画の主人公は、貧困層の多い郊外のヴァル＝ド＝マルヌ県クレテイユにあるレオン・ブルム高校の教師であり、彼女は、自分の歴史の授業にはほとんど関心を向けずに暴力沙汰を起こす、さまざまな出自の若者たちを相手にしている。彼女は、希望者を募って、レジスタンスと強制収容に関する全国コンクールに応募することを決める。そのときのテーマは、「ナチス収容所における子供と若者」だった。この映画は、自分たちの学ぶ事柄や授業に招かれた強制収容からの生還者が語る人生を通じて変化を遂げていく、若者たちの成長を描いている。この映画は称賛を浴びたが、そこに描かれている「サクセス・ストーリー」、この映画がときに陥る感情的な表現に苛立ちを覚えかねない人がいたことも事実である。しかも本作では、今日提起されている次のような問いには触れられぬままだった。つまりフランスでは、ショアーが中学校や高校で教えられているというのに、どうして反ユダヤ主義や人種差別が増大し続けてしまうことがありうるのか、と。

現代の人びとは、ショアーというこの出来事のもつ前代未聞の性格と、それを言語で書き記すという不可欠の必要性とについて、鋭敏な意識を抱いている。この出来事をめぐる文章が、まるでその余波が今日もなお感じ取られているかのように絶え間なく書き継がれている状況は、おそらく、多くの人が考えているように、文明における一つの断絶——この地上から一民族を消し去ろうなどということは未だかつてなかった——を印づける出来事の重大さという点から理解されるだろう。

第４章　ポーランド現代史における被害と加害
――歴史認識の収斂・乖離と歴史政策

吉岡　潤

はじめに

歴史認識のあり方やその変化の様をテーマとするとき、ポーランドほど話題に事欠かない国はない。歴史認識の客体となる歴史上の事象という点で、ポーランドでは、二〇世紀以降に限ってみても第一次世界大戦と国家の独立、第二次世界大戦での独立喪失と占領、ホロコースト、再独立と社会主義体制の成立、国境線の大幅な移動と大規模な住民移動、反体制運動の展開と社会主義体制の崩壊、体制転換とＥＵ加盟など、次から次へと劇的な変化が起こっている。また、これらの出来事の舞台に住み、歴史認識の主体となるポーランドの人々という点でも、歴史に対する関心が総じて高く、歴史研究の生産力、消費力ともに高いポテンシャルを持った国である。そのポーランドにおける歴史認識については、この四半世紀の間に大きな変化が起こり、今もなお、その変化の途上にある。本章では、それがどのような変化だったのか、その変化がポーランドにとって、またポーランドと近隣諸国との関係にとってどのような意味を持つのか考えてみたい。また、ポーランドにおける歴史認識問題の位相を明らかにすることを通じて、歴史認識問題をめぐる衝突や対立が繰り返される東アジアの私たちにとって何らかの示唆が含まれてはいないか、探ってもみたい。

　やや唐突かもしれないが、ここで歴史認識問題を資本主義消費社会との類推で捉えてみたい。自由市場経済においては、建前としては誰もが、いかなる商品でも自由に市場に提供することができる。そして消費者は好みや必要性に応じて自由に商品を選び、購入する。その消費者の嗜好にあわせる形で、さらには消費者の嗜好を誘導する形で商品開発がなされるようになり、便利な商品が次から次へと市場にあふれるようになっている。例えば夕食を鍋料理にしようというときに、かつては野菜は八百屋で、肉は肉屋で、魚は魚屋で、出汁用の昆布などは乾物屋でと、量や品物の質を見極めながら個々に具材を買い揃えていかなければならなかった。これがやがてスーパーマーケットという一つの場所で具材を買い揃えられるようになり、最近ではさらに便利に、各具材が適宜取り揃えられ、出汁用のスープまでついたパッケージ商品が「寄せ鍋セット」などと銘打って店頭に並んでいる。買い物や調理の手間のことをあまり考えたくない人にとっては、手っ取り早く鍋料理を供することができるパッケージ商品は便利この上ないものであろう。

　なんらかのテーマを掲げて過去の出来事をつづる歴史叙述は、こうしたパッケージ商品になぞらえることができる。この類推では、パッケージしていく上での素材選択の嗜好性、素材の組み合わせ方や結びつけ方の方向性が歴史認識ということになるだろう。専門家としての歴史研究者とは、素材にこだわり、ときに消費者受けを度外視した素材の組み合わせと味付けで、大量生産に不向きかもしれないが独自性に富んだパッケージづくりに励んでいる者と言うことができるかもしれない。一方で、市場はどのように過去・記憶をパッケージすれば売れ筋となるのかに敏感である。そして歴史は、専門的訓練を施された者しか受け付けないような商品が並ぶ専門家の狭い市場の外で、わかりやすくパッケージ化され、学校教育や博物館、映画やテレビ番組、あるいは昨今であればインターネット「論壇」など、さまざまな場で消費されるようになっている。

　また、インターネットやSNSが普及した現在では、誰もが歴史叙述の発信者となれるし、実際になっている。

非専門家や市井の人々は、もはや歴史の消費者にとどまるに満足しなくなっているのである。ただし、その場合の歴史の発信は、単に売れ筋の寄せ鍋セット的パッケージの受け売りであることも多いようだ。しかし、専門家市場がますます狭くなり、その外ではますます市場至上主義が幅を利かせる今日、職業的歴史研究者は、これを専門家としての訓練を受けていない素人の言っていることだからと鼻で笑っていられるだろうか。このような、誰もが歴史を発信できるいわば総歴史家時代の歴史認識をめぐって、職業的歴史研究者、もしくはその専門知がどのような機能・役割を担いうるのか、これも本章で考えたいことの一つである。

1　ポーランド現代史を捉える認識パッケージ

前述したように、ポーランドではこの四半世紀の間に、歴史認識をめぐる大きな変化が起こった。その変化の起点の一つが一九八九年の体制転換である。冷戦期、ポーランドをはじめ東欧諸国では、共産党一党支配体制の下、より本質的にはソ連による統制の下で歴史叙述に一定の枠がはめられ、史料や取り上げるテーマ、書き方などに制限が課されていた。社会主義期には、いわば国家公認の唯一の商品(すなわち歴史認識)が、唯一の全国チェーンである国営商店(すなわち党公認のいわゆる公式史学界)で販売されるのみだったと喩えうる。その認識パッケージを、ここでは「ソ連規格」と呼ぶことにしよう。現代史に関していえば、ソ連規格は、第二次世界大戦を反ファシズム解放戦争として捉え、ソ連を絶対的勝者にして解放者とし、他方ドイツを絶対的敗者とするものだった。そこでは、共産党がファシストからの解放(すなわち民族解放)と各国の旧弊からの解放(すなわち人民解放)という二重の解放を成し遂げた真の解放者として描かれる。一方で、敗者ドイツに対してなされた略奪やレイプなどの非道や、「解放」の名の下に東欧諸国で行われた反体制派の弾圧などについては、タブーとなるか、少なくとも沈黙を強いられた。

体制転換によりソ連規格による統制が外れると、冷戦という冷凍庫で凍らされていたソ連規格にとっての「不都合な過去」が次々と溶け出てくることになる。封印された過去の溶出への対応の仕方はさまざまで、まさに歴史認識のあり方が問われる事態となった。その際、歴史認識のあり方という点では大きく二つの方向性が浮上した。

一つは「民族の規格」による認識パッケージである。これはソ連規格からの反動という側面もあり、ソ連規格により抑圧されていたいわゆるナショナル・ヒストリーの再構築という側面もある。現代史に関していえば、それはソ連規格が否定した第二次世界大戦以前の旧体制を再評価し、その上でソ連から被った非道を強調するものだった。ポーランドの場合、一九世紀の分割期以来の、ロシアをはじめとする占領者に対し犠牲をいとわず果敢に立ち向かう蜂起の伝統に、第二次世界大戦期の抵抗運動や社会主義期の反体制運動が重ね合わされた。社会主義期に共産党政権成立の物語に不都合ということで沈黙を強いられた、戦時中の亡命政府およびその指導下の国内抵抗運動や、第4節で詳述するポーランド人捕虜がソ連によって大量に殺害されたカティン事件、さらにはワルシャワ蜂起などに一転して光が当てられ、ソ連がポーランドに与えた破壊的影響が強調されるようになった。再評価されるようになった組織や諸事件に関わった人々は、敗れ去りいったんは否定されたが、現在の自由ポーランドの礎となる尊い犠牲だったというのである。こうした受難の連続を強調し、国民や国家のための犠牲的行為に重きを置く過去の認識パターンを、ここでは「受難・英雄史観」と仮称しておく。他方、この民族の規格なり受難・英雄史観なりの認識パッケージでは、第二次世界大戦終結前後にドイツ人を国境外へ強制移住させたといったような、加害者としての側面には目をつむる傾向があった。

ポスト・ソ連規格のもう一つは、「EU規格」による認識パッケージである。これは、「和解の共同体」たるE

Uに加盟し、その中で人権や少数者への配慮などいわゆる普遍的価値を共有しながら、国境の相対化や隣接諸国との関係改善を促そうとする歴史の見方である。そこではドイツ占領下の現地住民によるホロコーストへの加担や、敗者ドイツに対して行われた非道など、加害の事実をも直視することが対話を促進するとされた。ナショナル・ヒストリーを批判的に再検討し、自国史をヨーロッパの文脈に接合させ、そしてヨーロッパへと開いていく方向性と言うこともできよう(1)。

言論自由化後のポーランドでは、保守的で自国中心主義的な歴史認識と、よりリベラルでヨーロッパ志向の歴史認識の二つの認識パッケージが競合し、特に二〇〇〇年代になって以降、職業的歴史研究者のサークルを超えて広く一般社会や政治を巻き込んでの論争が展開することになる。もともとの歴史への関心の高さに加え、過去をめぐる論争が喧々諤々《けんけんがくがく》繰り広げられる中で、まさに多くの歴史が消費されることになった。こうした「歴史消費大国」ポーランドにおける歴史論争の諸相を以下では検討したい。

2　「歴史消費大国」ポーランド

まず、体制転換後のポーランドにおいて、どのような歴史論争が、何を争点として展開し、どのように歴史が消費されていったのかを確認しておこう。一九九〇年代、すなわち体制転換後最初の一〇年間は、ソ連規格に基づく「公式史学」によって看過され、隠蔽されてきたいわゆる「歴史の白斑(2)」を埋める作業が進んだ時期だった。ポーランドにおいて「歴史の白斑」とされたものとしては、以下のようなテーマを挙げることができる。すなわち、共産党政権によって否定された第二次世界大戦中の抵抗運動や地下国家など亡命政府陣営の活動の実態、第二次世界大戦前期(一九三九年から一九四一年にかけて)のソ連による東部ポーランド占領の実態、ワルシャワ蜂起時のソ連の動向の実態、共産党政権の運営と反体制派の活動の実態——例えば一九五六年の非スターリン化をめぐる諸事件や一九六八年の「三月事件」、一九七〇年代以降の政権と労働者との争議の数々、一九八〇年以降の「連帯」発足や戒厳令による反体制派弾圧——などである。

一方、時を同じくして、冷戦終結によって新しく生まれた隣国、すなわちソ連崩壊で独立したリトアニア、ベラルーシ、ウクライナや、統一後のドイツとの関係構築の過程で、社会主義体制下の諸民族の友好を謳うソ連規格によって封印された民族間衝突の過去も明るみに出されるようになった。この時期、歴史論争はどちらかと言えば専門家の間で行われ、広く社会を巻き込むような形での論争は、皆無ではないものの二〇〇〇年代に比べると目立った形では起こらなかった。

ところが二〇〇〇年代になると、歴史論争は専門家サークルの範囲を超える形で広く社会を巻き込み、政治化の様相を呈するという質的変化を起こすことになる。変化の発端の一つは「国民記憶院」の発足である。名称の頭文字を取ってＩＰＮと称されるこの機関は、法律上は一九九八年に設立され、二〇〇〇年から本格的な活動を開始した国家機関である。その設立当初の任務は、一九三九年から一九八九年にかけてのナチ占領下および共産主義体制下（ポーランドでは「二つの全体主義期」と称されることが多くなっている）にポーランド国民に対して犯された犯罪を追及し、場合によっては訴追すること、共産主義体制下の公安文書を保管・調査し、市民のアクセスを保障すること、「二つの全体主義期」のポーランド史を研究し、出版などを通じて広く社会に普及させることであった(3)。

旧公安史料を公開したＩＰＮの発足により、ポーランド現代史研究は量的にも質的にも飛躍的に進展することになる。社会主義体制下で広く張りめぐらされた公安ネットワークにより収集された各種情報が記載された文書をひもとくことで、共産党による統治の手法や社会への浸透度、政権に対する社会の態度などの実態へと、より接近できるようになったのである。また、公開され始めた旧公安史料は、一般市民の過去の生活場面の一端や交友関係の広がりを垣間見せるような身近な情報を含んでいたことからも、現代史研究への人々の関心を高める効果をもたらした。現役の政治家や言論人の社会主義期の「裏の顔」を暴露し、政治の「ワイドショー化」を助長したことも、旧公安史料の公開がもたらした結果の一つだった。

歴史論争がその性格を変えるに至ったもう一つのきっかけは、二〇〇〇年に起こったイェドヴァブネ論争である。これはアメリカのポーランド系ユダヤ人歴史学者ヤン・トマシュ・グロスが、その著書『隣人たち』の中で、今のポーランド北東部に位置する小都市イェドヴァブネで一九四一年七月に起こったユダヤ人虐殺事件に、ユダヤ人の隣人たち、すなわちポーランド人庶民が主犯格で関わっていたと指摘したことによって始まった激論である。反ユダヤ主義に染まったポーランド人像というグロスによる挑発的指摘とそれに続く論争は、多くのポーランド人が信じて疑わなかった、前述の受難・英雄史観を激しく動揺させた。ポーランド人は命を賭して受難のユダヤ人を救った事例を多く持つ国民だという理解がグロスによって一転し、度し難い反ユダヤ主義者として糾弾されたのである。この論争を一つの契機として、戦中戦後を通じてポーランドから姿を消したユダヤ人、およびユダヤ人も含めての「ポーランド史」に対する関心が高まったのは事実である。しかしそれ以上に、一般紙やテレビなど、広く社会に知れわたる形で展開した新しい現象だったという点に、このイェドヴァブネ論争の意義があったと言えよう。

イェドヴァブネをめぐる歴史論争は、ナショナル・ヒストリーの批判的再検討や歴史認識を外に開いていく方向性を強めるきっかけとなったが、同時に保守的で自国中心主義的な歴史観を台頭させるきっかけともなった。受難・英雄史観擁護に向けての戦線づくりの烽火《のろし》をあげたのは、保守派の論客にして歴史家のアンジェイ・ノヴァクが、イェドヴァブネ論争で保守的・自国中心主義的立場をとるようになった一般紙『ジェチポスポリタ』に寄稿した「ヴェステルプラッテか、イェドヴァブネか」だった。グダンスク近郊のヴェステルプラッテは一九三九年九月一日にドイツとポーランドとの間で戦端が開かれた、つまり第二次世界大戦が始まった場所である。ヴェステルプラッテは、ナチ・ドイツの非道な侵略により始まった第二次世界大戦の最初の犠牲者を、他のどこでもなくポーランドが出したという受難の象徴であり、かつ、そのナチ・ドイツを葬り去るための戦いが他のどこでもなくポーランドから始まったという、英雄的行為の象徴でもある。ノヴァクは、この論説において、「イェドヴァブネ」という単語が喧しく論壇を賑わせている一方で、同じ第二次世界大戦を語るにしても、ポーランド国民にとって重要であるはずの「ヴェステルプラッテ」という単語をほとんど目にすることがないのはどういうことかと問う。そしてイェドヴァブネ論争以降、ポーランド現代史における「恥辱的側面」に関心が過度に集中し、強調されすぎているとし、国家機関たるＩＰＮはポーランド国民の偉業的側面を前面に、国民共同体の建設に貢献すべきであると主張した。(4)

ノヴァクの寄稿は、後の「第四共和政」運動や「歴史政策」を予告する主張だった。第四共和政運動とは、第三共和政と称される一九八九年の体制転換後の体制はポスト共産主義者と共産主義体制への秘密協力者に汚染されており、こうした現状を浄化することで実現する真の体制転換が必要だというものである。そして二〇〇五年、この考えを推進しようとするカチンスキ双子兄弟が率いる政党「法と公正(Ｐ・ｉＳ)」が政権の座に就くと、ノヴァクのような主張が歴史政策として具体化していくことになる。歴史政策とは、過去についての公的な言説を国内外で強化することを意味する。(5) 政権によって実際に推進されることとなった歴史政策の是非をめぐり、政界でも歴史研究者の間でも、また世論においても見解が分かれ始めた。そして過去に関する論争は、政権が関与している以上、これまでになく政治色の強いものとなり、議論の両極化と相互了解の可能性の縮小を招いた。過去や記憶が政治的資源となるということが、それまで以上にはっきりとしてきたのだった。(6)

以上、体制転換後のポーランドにおける歴史の消費のされ方を概観した。これを受けて、次に、ある歴史認識に規定された「消費」行動が、国内外の諸集団間の関係性にいかなる影響を及ぼすのか検討してみたい。前述のように、ポーランドでは一般社会での歴史への関心が高く、活字文化においては、学術的な歴史研究と時代小説との間に位置する、「学知普及的歴史」とでも呼ぶべきジャンルが学術的歴史研究群に接する形で確立している。また、公共放送局であるポーランド・テレビ(TVP)が歴史専門のケーブルテレビ・チャンネルを持ち、歴史関連の番組を毎日早朝から深夜まで放映しているなど、ポーランドでは一般社会の人々が歴史に、それも学術的成果を踏まえた歴史に接する機会は、例えば日本と比べても多くある。以下では、そうした社会と歴史とが接する場として歴史博物館を取り上げ、ポーランドにおける歴史認識問題の諸相を眺めてみたい。

専門知の普及の場としての歴史博物館は、運営に公的予算が投下される場合も多く、運営や展示の方向性に対する「上からの」介入の可能性を潜在的に、ときには顕在的に有している。他方、近年著しく発達したマルチメディア化により「下からの」アクセスのしやすさも増大している。今日、歴史博物館は専門知と行政と社会とが接する、緊張感あふれる交点となっているのである。そこで次節以降では、国民の間でも見解が分かれやすい、自国にとっての負の側面が歴史博物館においてどのように表象されるのか、検討を加えていく。まず、次節ではポーランド現代史における負の側面の具体例としてドイツ人「追放」問題を取り上げる。そして第4節以降で、ポーランドの歴史博物館でドイツ人「追放」問題をはじめポーランド史の負の側面がどのように表象され、またその表象のされ方がどのように変化したのかを見ながら、国内外諸集団間で歴史認識がいかに収斂しうるのか、また逆に乖離することになるのか、考えてみる。

3　ポーランド現代史の負の側面——ドイツ人「追放」問題

歴史認識の収斂もしくは乖離を見ていく上で、ここでは第二次世界大戦後のポーランド領からのドイツ人「追放」問題を取り上げてみたい。これは第二次世界大戦終結前後から戦後初期にかけて、戦後ポーランド領となる地域に居住していた約八五〇万人とも一〇〇〇万人とも言われるドイツ系住民がドイツへの移住を強いられたことを指す。一連の過程においてはポーランドの戦後政府が国策として強制移住を遂行した局面もあり、第二次世界大戦でナチ・ドイツによる過酷な占領被害を受けたポーランドが今度は加害側で、ドイツが被害側と目される事例である。第1節で見たように、民族の規格による認識パッケージにおいては、ドイツ人に移住を強いたことは後景に退きがちになる過去であり、EU規格による認識パッケージでは、この問題から目をそむけず直視することに価値が置かれる。ポーランド内諸集団で見解の分かれる問題であり、これへの姿勢がドイツとの関係の試金石となる問題でもある。

ドイツ人「追放」問題は、第二次世界大戦を経てポーランドの国境線が大幅に移動したことと密接に関連している。第二次世界大戦中の一九四三年一一月末から一二月初めにかけて米英ソ三大国首脳が一堂に会したテヘラン会談で、大戦初期にソ連に領土の東部を併合されたポーランドに対し、代償としてドイツ領を一部割譲することが合意された。その際、オーデル川が新しい独ポ国境線として見込まれたが、後にソ連はオーデル川からさらに支流の西ナイセ川に至る線を国境線として主張し、より広大なドイツ領をポーランドに与えようとしたため、一九四五年二月のヤルタ会談において議論が紛糾した。その結果、ドイツが降伏した同年五月の時点でも、ポーランド西部国境線に関しては国際的合意がない状態だった。

紛糾した独ポ国境線の詳細については、結局、一九四五年七月から八月にかけて開かれたポツダム会談において、オーデル・西ナイセ線以東のドイツ領を講和条約の締結までポーランドの行政下に置くという暫定的処理がなされた。この間、ソ連の後ろ盾を得て支配確立の途上にあったポーランド共産政権は、掌握した旧ドイツ領の非ドイツ化とポーランド化を推し進め、領有の既成事実化を図った。これらの地域からは、戦争末期にソ連軍の接近を前に住民の多数が逃亡していたが、彼らの帰還はポーランド当局によって阻まれ、また残っていたドイツ系住民も強制的に「追放」された。また、ポツダム会談でポーランドからドイツ系住民をドイツへと移送することが認められたことにより、強制移住を含むドイツ系住民の移動はさらに大規模なものとなった。

戦後ポーランドなどから移住を強いられたドイツ人は、ドイツでは一括りに「被追放民」と称される。これに対しポーランドでは、強制を強いた主体と背景の違いによって、ナチ政権下の組織的な「疎開・避難」、文字通りの「追放」、ポツダム合意に基づく（強制）移住と、時期に応じて三様に称されることが多い[7]。以下、ポーランド側の三区分を踏襲しつつ、もう少し詳しく戦後ポーランドからのドイツ人強制排除の過程を見ておきたい。

まず第一段階として、ソ連軍が戦前のドイツ領に進軍した一九四四年七月からドイツが降伏した一九四五年五月までの時期に、ソ連軍の進駐を前にした自発的避難やナチ政権による組織的な疎開が行われた。これにより、最近のポーランド側の推計によると約七五〇万人のドイツ人が移住を強要された[8]。ポーランド共産政権は、これら避難民の帰還を阻み、また元の場所に戻った場合も、以降の二つの段階のいずれかの対象者として再び移住を強いた。

次の第二段階、すなわちドイツ降伏から一九四五年八月のポツダム合意までの時期に強いられたドイツ人の移住は、文字通りの「追放」とみなされている。このわずか二―三カ月の間に、同じくポーランド側の推計で約四〇万人が、おもにポーランド軍によって暴力的に追放された[9]。さらに、第三段階として、一九四五年八月からおよそ一九四九年までの時期に、ポツダム合意に基づく（強制）移住が行われた。ポツダム合意とは、ポツダム会談終了時に公表された英米ソ三大国共同コミュニケ中の第一三項「ドイツ系住民の秩序ある移送」のことである。そこではポーランド・チェコスロヴァキア・ハンガリーに残留しているドイツ系住民のドイツへの移送の必要性が認められ、実施される移送が「秩序だって、かつ人道的に」行われるべきことが確認された[10]。このポツダム合意の名の下に、約三六〇万人のドイツ人が事実上強制的に排除された[11]。ドイツへと向かう過酷な道中で命を落とした者も多く、その数は一〇〇万人とも二〇〇万人ともいわれている。また、この時期、ドイツ人のための強制収容所の設置や、そこでの強制労働が行われたことも明らかになっている。次節では、このドイツ人のための収容所をめぐる歴史博物館展示について検討を加える。

その前に、ドイツ人「追放」問題が本章の文脈でどのような論点を含んでいるのか、確認しておこう。社会主義期のポーランドでは、ドイツ人の移住はポツダム合意という国際的な取り決めに基づき強制性なく実施されたというのが公式見解だった。体制転換後、前述のEU規格による歴史認識の影響下で、ポーランドでは強制性を認めることが標準化していく変化が起こる。ただしその場合、強制移住が第二次世界大戦中のナチ・ドイツによる過酷で犯罪的な占領支配の結果であるとし、占領期の文脈と切り離してポーランド側の非を認めることへの抵抗も決して少なくはない。

他方、ドイツでは、「被追放民同盟」という強力な圧力団体をはじめとして、「追放」はポーランド民族主義の暴力的な発露であるといった見解も見られる。ドイツでは、時とともにドイツにおける被害の側面、例えばポーランドやチェコスロヴァキアからの「追放」問題や連合国による都市空襲、ソ連軍によるレイプ被害などへの言及例が増加するようになるが、ポーランド側は住民移動を戦争・占領と切り離すかのようなこうした見解にいら立ちを隠さない。EUという枠組みの中でドイツ・ポーランド両国間の和解もそれなりに進展を見せたが、どちらか一方が自閉するだけで簡単に関係が冷え込む危うさがあることも事実である。そうした点を踏まえ、歴史博物館でのドイツ人強制移住問題の扱われ方を見ていくことにしよう。

4　歴史認識の収斂と公共化

ドイツ人「追放」問題のようなポーランドにとっての負の過去が、ポーランドの歴史博物館においてどのように表象されるのか、本節では現在のポーランド南西部のオポレ県にある「ワンビノヴィツェ・オポレ戦争捕虜中央博物館」を事例として検討してみたい。

写真1　第一次世界大戦協商国捕虜墓地

①被害の場としてのワンビノヴィツェ

ワンビノヴィツェ（ドイツ語ではラムズドルフ）は、県の中心都市オポレ（ドイツ語ではオッペルン）の約四〇キロメートル南西に位置する小さな村である。長らくプロイセン領ないしドイツ領だった時期を経て、第二次世界大戦後にポーランド領となった。かつてプロイセンの軍事演習場が置かれていたラムズドルフ（ワンビノヴィツェ）には、一八七〇—七一年の普仏戦争に際して捕虜収容所が設置され、捕虜となったフランス兵約三五〇〇—四〇〇〇人が収容された。その後、第一次世界大戦ではドイツ軍の捕虜収容所が置かれ、協商国兵士約九万人が収容された。収容された兵士の国籍はロシア、ルーマニア、イタリア、セルビア、フランス、イギリス、ベルギーと多岐にわたり、先の普仏戦争時のフランス兵もあわせ、収容所で命を落とした約七〇〇〇人の兵士たちを葬った墓地（写真1）も戦間期に整備された。

第二次世界大戦でもラムズドルフ（ワンビノヴィツェ）では捕虜収容所が設置され、緒戦で捕虜となったポーランド兵をはじめ、一九四〇年以降はイギリス兵、フランス兵、ベルギー兵、さらに一九四一年以降になるとユーゴスラヴィア兵、ギリシア兵、ソ連兵、アメリカ兵など連合国軍兵士約三〇万人が収容された。ラムズドルフの収容所はドイツが設置した捕虜収容所の中でも最大級の規模のもので、ヨーロッパ中の兵士が捕虜として収容された、実に国際的な場だったのである。第二次世界大戦期を通じて収容された約三〇万人のうち、約二〇万人がソ連兵だった。ソ連兵捕虜は、劣悪な環境下で重労働を課されるなど、イギリスほか西欧諸国出身の捕虜とは明らかに異なる過酷な待遇を受け、病気の罹患率や死亡率も高かった。終戦後にソ連軍によってソ連兵捕虜の集団埋葬地が発掘され、約四万人という犠牲者数の確定とともに、ナチ・ドイツの非人道的な残虐性を示す例として内外に喧伝された[12]。

一九六四年、このソ連兵捕虜集団埋葬地跡に「戦争捕虜受難碑」が設置され、オポレ・シロンスク地域の公立博物館分館として「ワンビノヴィツェ戦争捕虜受難博物館」が開館した。同館はその後国立博物館待遇となり、一九八四年に現在の「ワンビノヴィツェ・オポレ戦争捕虜中央博物館」という名称に変更された。博物館設立の目的は第二次世界大戦でドイツ軍の捕虜となった連合国軍兵士の苦難を記念することとされ、やがて三月の収容所解放記念行事、四月の学校生徒の訪問学習、五月の戦勝記念式典、夏休みを利用しての教師向けセミナーや子ども向けのキャンプといった、記憶の共有化を図るための行事のサイクルも整えられていった[13]。ただ、収容者数や死者数ではポーランド兵よりもソ連兵の方がはるかに上回り、また各種式典にもポーランド駐留のソ連軍が参加するなど、社会主義期においては、ワンビノヴィツェ博物館はむしろソ連的な記憶の場として機能していたと言える。

体制転換後、ワンビノヴィツェ博物館の「ポーランド化」、すなわちポーランド的な記憶の場への転換が試みられることになる。その重要な要素となったのが、ソ連の影響下で言論が統制されていた社会主義期にはタブー化したテーマとなっていた、ワルシャワ蜂起とカティン事件だった。まずワルシャワ蜂起とワンビノヴィツェとが結びつけられたことは、一九四四年一〇月から一一月にかけてラムズドルフ（ワンビノヴィツェ）捕虜収容所に、ドイツ軍に拘束された約六〇〇〇人のワルシャワ蜂起参加者が収容されていたという事実に基づいている。ワルシャワ蜂起は、一九四四年八月一日にポーランド地下抵抗組織がドイツ占領当局に対して起こした大規模な武装蜂起である。六三日間にわたって戦われた蜂起は、ワルシャワの目前にまで迫っていたソ連軍が効果的な支援を与えなかったこともあり、最終的には降伏を余儀なくされた。蜂起をいわば見殺しにしたソ連の影響下に入った戦後ポーランドでは、民間人も含め約二〇万人の犠牲者を出したワルシャワ蜂起を英雄的行為として語ることは許されなかった。体制転換後、ワルシャワ蜂起は一転して、ポーランドの主権と独立を回復するための妥協なき戦いの象徴として、ポーランド人なら誰もが心に刻むべき国民的記憶の座を獲得した。

次のカティン事件は、ワンビノヴィツェという場所とは直接の関係はない。第二次世界大戦中にポーランド国民が被った捕虜としての苦難という観点から、ソ連軍の捕虜となったポーランド兵に関する展示が加えられたのである。第二次世界大戦勃発から二週間あまりが経過した一九三九年九月一七日、ソ連軍がポーランド領に侵入した。ソ連軍の行為は、前月に締結の独ソ不可侵条約に付帯された勢力圏分割の秘密議定書の合意に沿ったものだったが、ポーランドにとっては、ドイツ軍と戦っている背後を襲われたようなものである。このとき多くのポーランド兵がソ連軍の捕虜となり、将校を含む二万人を超す捕虜が一九四〇年四月から五月にかけてソ連内務人民委員部によって銃殺された。独ソ戦勃発後の一九四三年四月、これら将校の死体がドイツ軍の手によりロシアの都市スモレンスクの郊外にあるカティンの森で発見されることになる。連合国の一員としてドイツ軍撃破の主力となり、戦後ポーランドを影響下に置いたソ連は、自らの犯行を決して認めず、このカティン事件はワルシャワ蜂起と同様にタブーとなった。カティン事件について公然と語り真実を明らかにすることは、ワルシャワ蜂起と同様に、ポーランドが主権と独立を回復したことの象徴となった。

こうして、ワルシャワ蜂起とカティン事件という、ポーランド人の心に深く刻み込まれた第二次世界大戦期の二つの象徴的記憶が捕虜というキーワードで結びつけられ、ワンビノヴィツェ博物館の「ポーランド化」が進められたのである。現在、ワンビノヴィツェ博物館の常設展示は三室から構成されている。第一室「ドイツの捕虜となって」は、第二次世界大戦でドイツ軍の捕虜となった連合国軍兵士の収容所での生活について展示し、捕虜となり収容されたポーランド兵やワルシャワ蜂起参加者に関してもここで紹介されている。第二室「ラムズドルフ捕虜収容所の歴史」では、普仏戦争にまでさかのぼっての収容所の歴史が示され、そして第三室「ソ連の捕虜となったポーランド人兵士たち」では、カティン事件に至るポーランド兵捕虜の運命について語られている。第1節で述べた、ソ連規格に基づく語りから民族の規格に基づく語りへの変化を見て取ることができる。

②加害の場としてのワンビノヴィツェ

前記のような来歴を持つラムズドルフ（ワンビノヴィツェ）捕虜収容所であるが、これが同収容所で起こったことのすべてではない。社会主義期にほとんど語られずに封印された、もう一つの歴史が存在するのだ。この捕虜収容所は、終戦直後から約二年間、今度はポーランド戦後政権によって、第3節で述べた強制移住の途上にあったドイツ人のための強制労働収容所として使われたのである。こうした収容所は戦後ポーランドが実効支配を築き始めた旧ドイツ領におよそ一〇〇カ所設置されたが、多くの場合、ドイツ人収容者はポツダム合意で謳われたように「秩序だって、かつ人道的に」処遇されたわけではなかった。中でもワンビノヴィツェ(ラムズドルフ)の収容所は劣悪な条件が放置された収容所の一つで、約五〇〇〇人の収容者のうち一〇〇〇人を超す死者を出すほどだった。それだけに、生きてドイツにたどり着いた元収容者は、「追放」の記憶とともにラムズドルフ(ワンビノヴィツェ)を受難の場所として記憶し、語り継ぐことになる。その一方、ポーランドではドイツ人強制労働収容所としての記憶は封印され、一九六四年の戦争捕虜博物館の開館に際してもドイツ人の収容については一切触れられなかった。この、独ポ間の認識のずれについて、もう少し詳しく見ておこう。

ドイツ側では、早くも一九四六年にドイツ人強制収容の事実が指摘され、一九四九年にはワンビノヴィツェ(ラムズドルフ)収容所で医師を務めていたハインツ・エッサーが「ラムズドルフの地獄ともう一つの絶滅収容所」と題してドイツ人が被った被害を回想した。一九五〇年代になると、エッサーの指摘に類する回想が被追放民団体の発行する刊行物に次々と寄せられるようになり、一九五七年にはエッサーの記事が増補改訂され『ラムズドルフの地獄』として刊行された。この間、ワンビノヴィツェ(ラムズドルフ)に収容され被害にあった者の特定と記銘作業も進められた。一九六五年にはシュレージエン同郷会がポーランド政府に対し、非人道的な処遇を放置したワンビノヴィツェ(ラムズドルフ)収容所の所長や監守を逮捕するよう求め、ポーランド政府から黙殺されるということもあった(14)。

エッサーの『ラムズドルフの地獄』はその後、二〇〇〇年までに一二版を重ねるロングセラーとなる。注目すべきは一九七一年の改訂版の序文で、ドイツ人は第二次世界大戦でポーランド人を虐待した非を認めているのに対し、ポーランド人がそうしたドイツ人と同じ地平に立とうとしないと批判したことである。また、同書ではワンビノヴィツェ(ラムズドルフ)への収容者は約八〇〇〇人で、そのうち六四八八人が死亡したと指摘した。これに対しポーランドでは、一九八五年になってようやくドイツ人民間人の収容に言及した記事が出るようになった。それでも、ワンビノヴィツェ（ラムズドルフ）には主にナチ親衛隊員の他、非合法活動に従事するドイツ人を一時収容したにすぎないこと、死者の多くは自然死であること、待遇も占領期のドイツによる収容所に比べ良好でドイツの残虐さとは比較にならないことなどを主張し、ドイツ側の非難は虚偽でありポーランドに対する侮辱であるとする見解が大勢を占めていた⑮。両者の認識のずれは大きく、接点も交点も存在しなかった。

この状態に変化をもたらしたのも、体制転換だった。ポーランド側でタブーの解禁と史料の公開が進むと、第3節でも見たように、戦後ポーランドからのドイツ人の移動についても強制移住としての側面に目が向けられるようになった。こうした動向に沿って、ワンビノヴィツェの戦後に関しても研究が進展し、ドイツ側の誇張をもって語り継がれた当事者の記憶との衝突を経ながらも、収容者数・死者数の確定や強制労働・移住の実態の解明がなされていった。その過程で、一九四五年一〇月四日にワンビノヴィツェ（ラムズドルフ）収容所で発生した火事の混乱に紛れて四八人の死者を出した事件の責任を問われ、当時の収容所所長で公安省職員だったチェスワフ・ゲンボルスキが、一九九八年七月以降検察によって再捜査され、二〇〇〇年七月に再起訴されるという一幕もあった。再捜査・再起訴というのは、ゲンボルスキが事件直後と一九五六年の二度にわたって検察の捜査対象となり、一九五七年に証拠不十分で無罪となったものの、一度は訴追されていたからである。二〇〇〇年以降の裁判は被告ゲンボルスキの高齢化により遅々として進まず、結局二〇〇六年六月にゲンボルスキの死去に伴い公訴棄却となった⑯。ポーランド側が過去を直視したことで、社会主義期に交差しなかった独ポ両国の歴史認識が、一致しないまでも相互接近していった例だと言えよう⑰。

その間、ワンビノヴィツェの博物館では一九九一年に戦後の強制労働収容所跡地に木の十字架と、戦後のドイツ人収容に関する説明板が立てられた。一九九五年にはドイツ人犠牲者を追悼する十字をかたどった石碑が設置

写真２　強制労働収容所犠牲者追悼碑

写真３　強制労働収容所犠牲者墓地

された。碑文にはドイツ語とポーランド語で「一九四五—一九四六年のラムズドルフ収容所におけるドイツ人およびポーランド人犠牲者へ」(ポーランド語では「ワンビノヴィツェ収容所」)とある(写真2)。そして一九九九年以降、ドイツからの支援も得て墓地が整備され、二〇〇二年に開設式が挙行された。墓地にある碑はすべてドイツ語とポーランド語で書かれ、収容所での死者一一三七名の氏名を記した石板や、犠牲者の出身地を記した陶板のついた三九の石塊が並べられている(写真3)。また、博物館には、常設展示のある建物の別館に、ドイツ人強制労働収容所として使われていた時期に関する展示室も設けられた。

　以上の変化は、ポーランド側で歴史家や博物館の学芸員が加害の事実を直視しつつ過去に取り組んだ成果として見ることができる。また、戦後期に関する記念と展示の開始のタイミングは、ドイツもポーランドも自国中心主義的に被害者の殻に自閉しない、お互いに扉を開きあっていた時期と合致していた。強制労働収容所犠牲者墓地の入り口に置かれた石板には、やはりドイツ語とポーランド語で「私たちの罪を赦したまえ、私たちも私たちに対し罪を犯した人々を赦します」とある。和解の共同体たるEUが推奨する過去の克服のあり方だと言えよう。記憶の場としてのワンビノヴィツェ（ラムズドルフ）では、先に見たソ連規格に基づく語りから民族の規格に基づく語りへの変化を見て取ることができると同時に、ＥＵ規格に基づく語りへの変化も観察しうるのである。

5　乖離する歴史認識

前節では、歴史認識が収斂し公共化することで、異なる歴史認識を持った集団間の和解と相互理解が促進される例を見た。しかし、過去をめぐる集団間の不一致が、常にこのように予定調和的に克服されるわけでは決してない。ここでは前節のワンビノヴィツェの事例と対照的に波乱含みの展開を見せた、「第二次世界大戦博物館」の設立をめぐるポーランド国内の論争を見てみたい。

①第二次世界大戦博物館構想

第二次世界大戦博物館は、二〇〇八年九月一日に建物がないまま国立博物館として設立された。ポーランド北部の港湾都市グダンスク（ドイツ語ではダンツィヒ）に博物館の建物が建ち、開館したのはようやく二〇一七年三月二三日のことである。設立から常設展示の開始まで八年半も経過したわけであるが、まずは博物館設立の経緯をたどっておこう。

第二次世界大戦博物館という構想が公表されたのは二〇〇七年のことである。その中心となったのは、第２節で触れたＩＰＮで公共教育局の初代局長を務め、ＩＰＮの変質を批判しＩＰＮを離れた歴史家パヴェウ・マフツェヴィチだった。その頃、独ポ関係は冷却した状態にあった。一方のドイツ側では、エリカ・シュタインバッハ率いる被追放民同盟が「追放に反対するセンター」設立要求を強めていくなど、ポーランドに対していわば攻勢をしかけようとしていた。他方のポーランド側では、二〇〇五年に「法と公正」党を中心とする政権が発足し、保守的で自国中心主義的な歴史政策を展開させ始めていた。こうした状況下でマフツェヴィチは、ヨーロッパにおける人々の第二次世界大戦体験を示す国際的博物館を設立し、その中で独ポ両国を隔てるドイツ人の強制移住について展示することを提唱した。ヨーロッパという広がりを持たせることで、ナチ占領体制の過酷さや「ソ連体験」など、西欧に必ずしも認知されていない東欧の経験を紹介できることや、諸国民の経験が並列される中でのポーランドという形を取ることが長所であるとされた[18]。第二次世界大戦博物館構想は、ドイツもポーランドもナショナルな枠に自閉しようとしていたことへの、リベラル・ヨーロッパ志向派からの対抗案とでもいうべきものだったのである。

マフツェヴィチの構想は、二〇〇七年に政権交代の結果発足した「市民プラットフォーム(PO)」党を中心とする政権を率いた、ドナルト・トゥスク首相の支持を得た。そして翌二〇〇八年の戦争勃発記念日に、マフツェヴィチを館長として、またグダンスクに建物を建てることにして第二次世界大戦博物館の発足を迎えた。ところが、この博物館をめぐって歴史家や政治家を巻き込んでの論争が始まることになる。第2節で述べたアンジェイ・ノヴァクなど保守的な歴史観を持つ歴史家からは、マフツェヴィチが描く国際的博物館という構想に対して、ポーランドの「独自の」、そして「唯一無二の」経験を相対化し矮小化することへの危惧や、国民的利害を「ヨーロッパ普遍主義」へと解消してしまうことへの危惧が寄せられた[19]。また政治家からも、この博物館は「ポーランド国民を解体しようとする試み」であり、「ポーランド人の受難の代わりにドイツ人の恥辱を取り上げようとしている」という批判もあがった。これは「法と公正」を率いるヤロスワフ・カチンスキの発言である[20]。これらの批判に対しては、博物館構想の支持者で歴史家のトマシュ・シャロタが「劣位コンプレックスと誇大妄想の結合」と一蹴している[21]。

こうした政治も絡んでの応酬が影響したのか、第二次世界大戦博物館は設立後しばらく開館に至らなかった。博物館としては、ウェブサイト上で、あるいはイベントを通じての活動を展開し、また博物館カタログも二〇一六年以降用意されたにもかかわらず、建物での常設展が長期にわたって開設とならない、異様な状態が続いたのだった。

②歴史政策の第二波と第二次世界大戦博物館

第二次世界大戦博物館の建物の建設も進み、展示計画など開館準備も整いつつあった二〇一五年一一月、前月に実施された総選挙で単独過半数の議席を獲得した「法と公正」が八年ぶりに政権に返り咲いた。「法と公正」は選挙前に新たな「体系的な歴史政策」の展開を予告しており、政権発足後、予告通りに第一次政権時の自国中心主義的な歴史政策を上回るかのような方針を打ち出していった[22]。

第二次世界大戦博物館に関連することでは、まず、二〇一五年一二月二二日の文化・国民遺産大臣令により、「ヴェステルプラッテと一九三九年の戦争博物館」(以下、ヴェステルプラッテ博物館)が同じくグダンスクに設立された[23]。第2節で見たように、ヴェステルプラッテは第二次世界大戦が始まった場所で、内向的でナショナルな志向を持つ保守派にとってはポーランドの受難と英雄的行為の象徴である。明らかにこの措置は、「法と公正」政権による、リベラルで外向的な構想を推し進める第二次世界大戦博物館への当てつけだった。さらに二〇一六年一月には文化・国民遺産次官が第二次世界大戦博物館の建設費用の嵩《かさ》みを批判し、ついには四月一五日の文化・国民遺産大臣通達により、第二次世界大戦博物館はヴェステルプラッテ博物館と統合されることになった。統合の理由としては、「一九三九年の防衛戦を含む第二次世界大戦期のポーランド史に関連する国民的・国家的伝統を維持し普及するための活動の効果を高める」ことが挙げられた[24]。その後、二〇一六年九月二三日には両博物館の統合の期日を二〇一七年二月一日とする大臣令が出された[25]。マフツェヴィチらは抵抗を試みる。大臣令の無効を訴えた行政訴訟で「法と公正」政権からの一連の攻勢に、マフツェヴィチらは抵抗を試みる。大臣令の無効を訴えた行政訴訟では、行政裁判所による審理の結果、二〇一七年一月二五日に大臣令の施行差し止めを命じる判決が下ったものの、文化・国民遺産省は控訴した。同年三月二三日、第二次世界大戦博物館はついに開館日を迎えたが、その直後の四月五日、行政訴訟における最上級審である高等行政裁判所が文化・国民遺産省を支持する判決を出し、開館したばかりの第二次世界大戦博物館はヴェステルプラッテ博物館と統合することが最終決定した。さらにその翌日、第二次世界大戦博物館の館長マフツェヴィチが、二人の副館長とともに解任された。政権側の「完勝」だったと言えよう。その後も「法と公正」政権は第二次世界大戦博物館の展示内容にまで介入しようとするなど、攻勢を続けているようだ。

本節で検討した第二次世界大戦博物館をめぐる歴史学界と政界を巻き込んだ「紛争」は、ナショナルな枠を超えてヨーロッパへと開いていこうとする意思を持ったポーランド側の動きが、同じくポーランドの自閉化した動きと齟齬をきたした例だと言えるだろう。第二次世界大戦博物館の開館準備が進められているのと同じ頃、ポーランド南部のカトヴィツェを中心とするグルニィ・シロンスク地方(ドイツ語ではオーバーシュレージエン)で歴史博物館を新設する動きがあった。かつて同地方は、ドイツ人もポーランド人もユダヤ人も、またドイツ人ともポーランド人とも自己同定しないシロンスク(シュレージエン)人とでも呼ぶべき人々も居住する多言語多文化社会を形成していた。この博物館はそうした多様な文化的背景を持つ人々が織りなした歴史を、地域という固定カメラで眺めるように展示することを構想していた。ところが、ポーランドに建てる歴史博物館にもかかわらずドイツ人の展示の割合が多いなどと、第二次世界大戦博物館批判をしたカチンスキと同じ「論理」で政界も巻き込んでの批判が起こり、構想の改変を余儀なくされたという例もある[26]。

ポーランド側から扉を開こうとしても、同じポーランドの中で扉を閉めようとする力が働く。それがドイツでも同じだとすると、ポーランドとドイツの双方が扉を開きあっているという状態は、両国間に継続的な接触と交流がなければ偶発的でしかありえない。だとすれば、国内諸集団でも歴史認識の乖離がますます観察される今日、国家間の和解は以前に比べて容易ではなくなっている（なくなっていく）のかもしれない。

おわりに

ポーランドがＥＵに加盟してすでに一四年が経とうとしている。ＥＵ加盟のため、ヨーロッパ回帰のためというＥＵ規格の切り札的スローガンは、その規範力を減じている。一方で、民族の規格は、長期的に見れば総じて衰退傾向にあるのかもしれないが、衰退の傾きの角度は浅く、いまだに強さを保っているように見受けられる。冒頭で述べた総歴史家時代においては、民族の規格は非常にわかりやすく、手に取りやすい、味付けも多少濃いかもしれないがとにかく安定が売りの既製パッケージ商品のようなものである。ある集団が自分たちの「正史」を表明しようという際に、依然として強さを保ち続ける民族の規格が介入する場面は今後増えるのではなかろうか。もちろん、民族の規格には、多様な声の噴出を抑える力がなくなってきていることにも留意する必要がある。民族の規格で国民の声を一つに代表することはもはや適わないのである。そうした意味では、歴史をめぐる論争の分断線は、今やネーションとネーションの間に引かれているというより、ネーション内に引かれている。過去・記憶・歴史が政治的資源として機能するのは、他国民・他民族に対してだけでなく、否それ以上に、自国民どうしの間なのである。インターネットの普及や学校教育の権威低下により、国民を含む諸集団の「正史」と個のズレはますます広がるだろう。

本章で見た、歴史認識のズレが国内外に多様な分断線を生み、過去が政治的資源として機能するポーランドの状況は、私たちが身を置く東アジアの状況と通じる面があるように思える。これはポーランドが西欧に比べ、和解の共同体とは程遠い東アジアと同程度に「遅れている」ということなのだろうか。そうではなく、歴史認識のズレがあちこちで生じる今日の状況下では、むしろポーランドや東アジアの方が標準と見た方が本質をついていると言える。ヨーロッパには過去の克服による独仏和解という誇るべき経験があるが、その美しい理想を出発点とすることの限界が、他ならぬそのヨーロッパから露呈していることを、ポーランドの事例は示している。過去をめぐる紛争や衝突の解決が望まれるのであれば、過去をめぐる紛争や衝突が頻発している方がむしろ常態だという現実を出発点にすることから戦略を再考する必要があるのではないか。

過去・記憶が政治資源化する中では、和解は突出した崇高な理想ではなく、和解も対立と同一平面上の一オプションである。だとするならば、和解が「割に合う」と思わせる生々しい戦略づくりが必要となるだろう。ポーランド・ドイツ和解は、本章では悲観的な側面にも光を当てたが、ポーランド・ロシア和解やポーランド・ウクライナ和解に比べて格段に進んでいる。独ポ間では政界、経済界、教育分野、地域、民間などさまざまなレベルで回路がつながっており、その回路の一つに過ぎない外交関係が多少冷却したとしても、もはや両者間には断ち切れないつながりが形成されている。

では、こうした関係の構築に向けた戦略づくりに、職業的歴史研究者はどのように関与しうるのだろうか。消費者受けするパッケージ化やコンテンツの提供は、これまでの傾向として保守派や民族主義的な言論のいわば独壇場で、いわゆる左派やリベラルな言論においては、そうした一般社会へのアプローチは、学問から離れた不必要なすり寄りとしてむしろ忌避されてきたとは言えまいか。本章で見たマフツェヴィチの行動など、リベラルな側からのパッケージ化やコンテンツ提供というケースも今後増えていく可能性がある。そうした左右からの動きを、学問を捨てた一般社会へのすり寄りと非難するのではなく、歴史学の学術的専門知と社会との間の橋渡しをする「応用歴史学」ともいうべき、新しい分野の登場として見る必要があるのかもしれない。

（1）　ロシアを含むヨーロッパで相対立しながら併存する、第二次世界大戦をめぐる歴史と記憶のあり方については、橋本伸也による「記憶レジーム」区分が参考になる。橋本伸也『記憶の政治――ヨーロッパの歴史認識紛争』岩波書店、二〇一六年、一〇二―一〇六頁。

（2）「歴史の白斑」については、篠原琢「コメント：どこから何をながめ、誰に向かって何を語るのか――チェコ社会の現在と歴史叙述」『東欧史研究』二三号、二〇〇一年、一〇〇―一〇二頁を参照。

（3）　IPNが調査研究の対象とする時期の起点は、二〇一六年四月の法改正に基づき、同年六月一六日以降、ロシアでボリシェヴィキ政権が樹立された一九一七年一一月八日へと遡ることとなった。なお、以下の記述については、吉岡潤「ポーランド――国民記憶院」橋本伸也編『せめぎあう中東欧・ロシアの歴史認識問題――ナチズムと社会主義の過去をめぐる葛藤』ミネルヴァ書房、二〇一七年、五五―六〇頁と内容が一部重複する。

（4）　Andrzej Nowak, „Westerplatte czy Jedwabne", *Rzeczpospolita*, 1/08/2001.

（5）　小山哲「よみがえる東欧と記憶の再編――ポーランドの経験から」佐藤卓己編『岩波講座現代5　歴史のゆらぎと再編』岩波書店、二〇一五年、一二五―一二七頁。

（6）　IPN保管史料に基づき、共産党体制下の公安組織への「秘密協力者」暴露の応酬が繰り広げられ、協力者としての前歴をつきつけ政治家を失脚させるという旧公安史料の政治利用も見られるようになった。「連帯」の指導者で体制転換の立役者レフ・ヴァウェンサ（ワレサ）も、その標的となり、ヴァウェンサの協力者としての前歴を暴いたとされる本がIPN所属の研究者を著者として、IPNから出版されている。保守的歴史観の台頭を受け、二〇〇〇年代後半にIPN自体が変質し、明らかに一方の歴史観に傾斜したことを示す事例と言えるだろう。吉岡、前掲「ポーランド――国民記憶院」、六一―六二頁。

（7）　社会主義期のポーランドでは、旧ドイツからのドイツ人の移動を、価値中立的な、単なる空間移動・移住を意味する przesiedlenie という語を用いて「強制」のニュアンスを消していた。その後「強制的な住処の移動」を含意する

wysiedlenie の使用例も見られるようになったものの、ドイツ語の Vertreibung に対応し、より強制性に力点を置く、犯罪的な「追い立て」を意味する wypędzenie を使用することには抵抗があったようである。体制転換後に歴史の負の側面に対し自省的な姿勢が見られるようになると、少なくとも wysiedlenie の使用は一般的となった印象がある。wypędzenie の使用例も確認できるが、全期間にわたっての移住にこの語を当てはめることは、ポーランドではほとんどない。吉岡潤「失われた東部領／回復された西部領――ドイツ・ポーランドの領土とオーデル・ナイセ国境」『ドイツ研究』四八号、二〇一四年、三六―三七頁。

(8) *Wysiedlenia, wypędzenia i ucieczki 1939–1959. Atlas ziem Polski*, Warszawa, 2008, s. 170, 173.

(9) *Ibid.*, s. 182–183.

(10) *Foreign Relations of the United States, The Conference of Berlin*, Vol. II, Washington D. C., 1960, pp. 1495–1496.

(11) *Wysiedlenia, wypędzenia i ucieczki 1939–1959*, op. cit., s. 186–193.

(12) Centralne Muzeum Jeńców Wojennych w Łambinowicach-Opolu, *Przewodnik po terenach poobozowych w Łambinowicach/Lamsdorf* (*Guide to the Site of the Former Prison Camps at Łambinowice/Lamsdorf*), Opole, 2005; Bernard Linek, „Łambinowice. Czy sprawcy mogą stać się ofiarami?" in: Hans Henning Hahn & Robert Traba (eds.), *Polsko-Niemieckie miejsca pamięci. Tom 2. Wspólne/Oddzielne*, Warszawa, 2005, s. 335–336.

(13) *Przewodnik po terenach poobozowych w Łambinowicach/Lamsdorf*, Linek, op. cit., s. 343.

(14) *Ibid.*, s. 337–340.

(15) *Ibid.*, s. 341–342.

(16) Edmund Nowak, „Obóz Pracy w Łambinowicach (1945–1946)", in: Edmund Nowak (ed.), *Obozy w Lamsdorf/Łambinowicach (1870–1946)*, Opole, 2006, s. 286–296.

(17) ポーランドにとっての負の側面に目を向けられた背景の一つとして、戦後の抑圧的政策の責任の一切を、体制転換の結果ポーランド国民にとっていわば他者となった共産政権に負わせる傾向があったことを指摘できるかもしれない。ゲンボルスキの再起訴も、共産政権による抑圧に与しながらも体制によって見逃された元公安省職員の罪を裁き直すという側面があったことは否めない。

(18) Paweł Machcewicz, *Spory o historię 2000–2011*, s. 249–253. また、開館に先行して発刊された博物館カタログに

マフツェヴィチが寄せた序文も参照。Paweł Machcewicz, „Po co nam Muzeum II Wojny Światowej?", *Muzeum II Wojny Światowej. Katalog wystawy głównej*, Gdańsk, 2016, s. 7–13.

（19）Machcewicz, *Spory o historię 2000–2011*, op. cit., s. 47.

（20）*Ibid.*

（21）*Ibid.*, s. 255.

（22）吉岡、前掲「ポーランド――国民記憶院」、六三―六四頁。

（23）Dziennik Urzędowy Ministra Kultury i Dziedzictwa Narodowego, 2015, poz. 60. 〈http://bip.mkidn.gov.pl/media/dziennik_urzedowy/p_60_2015_1.pdf〉

（24）Dziennik Urzędowy Ministra Kultury i Dziedzictwa Narodowego, 2016, poz. 18. 〈http://bip.mkidn.gov.pl/media/dziennik_urzedowy/p_18_2016.pdf〉

（25）*Ibid.*, poz. 59. 〈http://bip.mkidn.gov.pl/media/dziennik_urzedowy/p_59_2016.pdf〉

（26）「グルニィ・シロンスク歴史博物館」元展示計画立案者レシェク・イェドリンスキ氏への聞き取り（ポーランド共和国グリヴィツェ市、二〇一三年九月九日）。なお、同構想はその後計画の変更を経て、二〇一五年以降、カトヴィツェ・シロンスク博物館の新館でグルニィ・シロンスクの歴史に関する展示がなされている。

補章　日本における博物館展示と戦争の痕跡

ファブリス・ヴィルジリ
剣持久木（訳）

はじめに

二〇一二年秋に東京、大阪、広島で行った一連の講演で訪日した際、筆者は日本の第二次世界大戦の記憶にかかわる様々な場所を訪問した。二〇〇七年以来ソルボンヌで共同指導している「戦争の痕跡」セミナー[1]で、われわれは、第二次世界大戦の世界各地の様々な記憶の場[2]での語られ方について――それが出来事の場そのもので作られたものであれ、箱物の事情や観光や政治的事情から、なんのゆかりもない場所に作られたものであれ――、継続して関心をよせてきた。また筆者は、アンヴァリッド軍事博物館がBDIC（現代国際資料図書館）と共催した展示「戦争の愛と性　一九一四―一九四五」[3]の委員として、あるいはまたムネモシネ協会「博物館と女性」[4]デーの組織者としても、この問題について考察してきた。つまり筆者はヨーロッパにおける同大戦の歴史家として、そしてそれにかかわる場所をこれまで注意深く観察してきた者として日本の様々な博物館を訪問したのである。本稿は日本の戦争の記憶について掘り下げた研究ではない。そちらについては、フィリップ・シートンの優れた研究[5]や、フランス語では最近のミカエル・リュケンの『日本人と戦争　一九三七―一九五二』[6]が参照されるべきであろう。また日本語で書かれた無数の研究書については残念ながら筆者は参照できていない。本稿は、筆者の日本での記憶の場をめぐる観察に基づく、日本の記憶の争点の分析であり、また他の地域との比較にも資することも期待している。

靖国神社の遊就館、女たちの戦争と平和資料館、大阪国際平和センター、広島平和記念資料館そして大和ミュージアム。筆者が訪れた規模も歴史も設立者もそして中身も異なるこれら五つの場所は、『平和博物館・戦争資料館ガイドブック』(7)に掲載されている一〇〇以上の博物館、記念碑のなかで必ずしも代表的なものばかりではない。しかし、多様性の比較を通して、それぞれの歴史的、教育的そして道徳的な野心を議論することが可能となる。特にそこで前面に出されている犠牲者の範疇を検討し、最後にジェンダーの次元についても考察したい。

1　平和博物館?

今回訪問した戦争に関する五つの博物館のうち三つの名称に平和という言葉が含まれている。『平和博物館・戦争資料館ガイドブック』によれば、二〇〇〇年の時点で、三二の博物館や記念館が「平和」を名称に含んでおり、それに対して「戦争」を含むものは一つだけであるという。しかしながら、平和を掲げたそれらの場所を訪問するものにとって、そこで戦争がテーマとなっていることは自明である。一九四四年六月のノルマンディへの連合軍上陸、つまりヨーロッパ戦線における最大の戦闘を記念してフランスに建てられた博物館も、一九八九年の開館時に、和解の象徴として平和記念館と名付けられている。その後カーン平和記念館と名称を変更したものの、二〇〇四年六月六日の上陸六〇周年に際してドイツの首相ゲルハルト・シュレーダーをフランス大統領シラクが迎える場となるなど、和解の場であり続けている。

記念館や博物館が提案する「歴史」物語においては、常に社会、記憶そして教育にかかわる目的との整合性が問われている。例えば、死者への追悼についてである。しかし、それが第一次世界大戦のヴェルダンでのドゥオモン(フランス)あるいは第二次世界大戦でのソ連兵士のためのベルリンのトレプトパワー公園のような広大な軍人墓地や納骨堂に埋葬された兵士たちであれ、あるいは、スペインのゲルニカのような爆撃、フランスのオラドゥール・シュル・グラーヌ、ギリシャのディストモあるいはウクライナのバビ・ヤールのような虐殺、あるいはビルケナウやトレブリンカのようなナチの殺人センターでの組織的殺害の犠牲者の民間人であれ、前者において強調されるのはしばしば勇気とヒロイズムであり、後者においては犠牲者の無実と死の恐怖である。

他には黙想から切り離された博物館もある。というのも、教育的な場、記憶よりも歴史の場として考えられているからである。かつての前線に近いもののパリからは北に一五〇キロも離れているペロンヌ大戦歴史博物館は、歴史研究と密接にかかわった教育的な場として考えられており、研究センターと国際学術委員会を備えている。ヨーロッパの多くの都市の軍事博物館⑧に関しては、各時代を通した自国の軍隊の存在を強調する制度的な語りを提供している。

これらすべての場は、戦争の恐怖を告発する平和教育と軍の正当化との間で揺れ動いてきたが、それぞれを二つの人物像が象徴している。一方は大半が民間人からなる犠牲者、他方が兵士である。

日本の中で、犠牲者の追悼と合わせてもっとも強く戦争の恐怖を告発する場となっているのは、もちろん広島平和記念資料館⑨である。三日後の長崎とともに、最初の都市、つまり核爆弾を最初に投下されたという事実が、戦後の広島のアイデンティティを構成している。ここではすべてのことが訪問者に、広島が世界の平和都市であることを語っている。「国際世論を喚起し、すべての力で世界が真に平和であるようつとめ、世界中に〝広島精神〟を広めることが被爆都市の使命である⑩」。訪問者一人一人にとって、この精神は禎子の折り鶴によって象徴されている。被爆による白血病で一九五五年一〇月二五日に一二歳で亡くなったこの少女は、病床で千羽以上の折り鶴を折っていた。それ以来、訪問者は折り鶴を折ることを勧められている。禎子の物語は日本の小学生にはよく知られているが、彼女は国際的なイコンになり、世界中の学校から、直接あるいは人に託されて、折り鶴が送られてきている。折り鶴は、巨大な花輪飾りになって平和公園の多くの像の前に置かれている。アウシュヴィッツのアンネ・フランクも広島の禎子も、幼い少女であった。彼女たちは民間の犠牲者であることに加えて、その年齢と女性であることで、無垢そのもののイメージを体現する存在となり、とりわけ子供たちにとっての完璧な感情移入をたすけている。

爆心地だった場所に平和記念公園をつくることが決まったのは一九四九年のことである。一九四四年八月の蜂起のあとにドイツ軍によって破壊されたワルシャワの歴史的中心地で行われたような街の復元でもなく、一九四四年六月に武装親衛隊の部隊によって住民が虐殺されたあとに放火されたオラドゥール・シュル・グラーヌの村のように廃墟をそのまま保存するのでもなく、拡張可能な巨大な記念の場所が街の中心に置かれている。映画制作会社アルゴスがフランスの映画監督アラン・レネに平和についての映画制作を依頼した時、レネは、マルグリット・デュラス脚本のフィクション〔『二十四時間の情事』一九五九年。原題は、Hiroshima mon amour〕という選択をしたが、同時に、広島という場所も選んだ。「広島平和記念資料館」と町全体が映画の背景を構成している。強制収容所の世界について『夜と霧』を撮ってから三年後に、彼は広島を、忘却が不可能で愛が生まれる場所とし、世界平和の中心と認めたのである。

一九九六年に原爆ドームは、「人類がかつて生み出したもっとも破壊的な力の究極かつ雄弁な象徴として、そしてそれは同時に世界平和とすべての核兵器の廃絶の希望を体現する」(11)として、ユネスコの世界遺産に登録されている。かくして、あらたに広島の名前は犠牲国と平和の普遍的メッセージを体現することになった。「展示品の一つ一つが、人々の痛み、怒りそして苦痛を表している。広島は原爆のカタストロフから復興した。すべての核兵器の廃絶と真に平和な国際社会の実現こそが、広島の心からの願いである」[12]。まさに、広島の人々の、そして広義には日本全体の人々の苦しみが、アジア太平洋戦争の展開のなかでの日本帝国の責任を覆い隠している。原爆の特殊性のおかげで、この戦争の状況から出来事を切り離し、第一義的に人類の歴史の先例に位置付けられることになったのである[13]。したがって記念碑のすぐ近くに置かれた日本国旗が目立っているのは意外であり、日本が世界の国々に届けようとしている普遍的メッセージとは矛盾しているようにも見える。これは、次のように戦争放棄を第二章〔九条〕でうたった戦後憲法に記載されたような平和主義の条件とナショナリズムとの妥協を、とりわけ際立たせている。「日本国民は、正義と秩序を基調とする国際平和を誠実に希求し、国権の発動たる戦争と、武力による威嚇又は武力の行使は、国際紛争を解決する手段としては、永久にこれを放棄する」[14]。

一年に一〇〇万人近く、アウシュヴィッツ＝ビルケナウと同じくらいの数[15]の人々が訪問し、その一〇％が外国人である、広島平和記念資料館は、日本の戦争博物館のなかではもっとも有名で、もっとも多くの訪問者を受け入れていることになる。博物館の展示室には人があふれ、多くの生徒が訪れている。偶然かもしれないが、筆者が訪問した二〇一二年一〇月一三日には原爆ドームの周りには、それをスケッチする多くの小学生がみられた。図画の授業が歴史の授業と一体となっている。たしかに教育的な役割は大切であるが、これは同時に道徳的メッセージも際立たせている。小中高校生徒総数約一五〇〇万人のうち、毎年一〇〇万人が

原爆ドーム

「平和博物館」を見学していると推定されている。つまり日本の子供は、その学校生活のなかで少なくとも一度は平和博物館を見学する機会がある、ということになる。しかしながら、広島平和記念資料館のようにこれらの博物館がすべて「日本人犠牲者の国立追悼施設」の役割を果たしているとしても、一国平和主義コンセンサスは表面的なものに過ぎない。「ピースおおさか（大阪国際平和センター）」は二〇〇〇年代初めには、地元の学校生徒の三分の二を迎えていたが、論争の的である東京の遊就館を訪れる生徒は、四―八％だけである[16]。進歩主義からナショナリズムまで、博物館で展示される歴史のなにが問題なのだろうか。アジア各地の日本軍による犠牲者、日本の民間人とりわけ空襲の犠牲者、あるいは逆に、その勇気と苦悩が強調されている日本帝国軍の兵士たちなのか。

2　博物館のなかで誰が戦争の犠牲者なのか

犠牲者の問題は日本の戦争についての記憶の問題の核心である。というのは、原爆犠牲者を含めて戦争中に死んだ日本人が三一〇万人いるとしても、日本の侵略戦争の犠牲者は二〇〇〇万人以上と推定されているからである[17]。そして、これらの数字とは別に、かなりの数の出来事が、戦場での通常の戦闘とは明らかに異なる残虐行為に関わっている。南京（一九三七年一二月）、シンガポール（一九四二年二月―三月）、マニラ（一九四五年二月）での虐殺、バターン半島での死の行進（一九四二年四月）、そしてもっともよく知られた満州でのとりわけ七三一部隊による人体実験と細菌戦争である。ただしドイツの場合、ドイツ人犠牲者の歴史（空襲された民間人、東部の避難民）は、ドイツとナチズムによる犠牲者の歴史が語られてはじめて、とくに長い間語られてからはじめて可能になったのに対して、広島と長崎の爆撃の特殊性、「原子爆弾の時代」の幕開けとなった、その特殊性が、それ以前の日本帝国の軍国主義とその犯罪の大半を覆い隠してしまったのである。

地方レベルでの博物館の中身や規模の多様性も、日本人の犠牲者と日本帝国軍による犠牲者との比較を避けてしまうことを容易にしてしまっている。というのも、それぞれの町や地方あるいは部隊での死者の数を数えるのは容易だとしても、日本の外での犠牲者の数を数えるのは、きわめて困難なままであるからである[18]。

筆者が訪問することができた博物館はそれぞれ異なった形で、第二次世界大戦の間の日本人の運命を、侵略者、犠牲者そしてヒーローとして展示している。

3　日本帝国軍の犠牲者を語る

「女たちの戦争と平和資料館(WAM)[19]」は、第二次世界大戦終結六〇周年にあたる二〇〇五年八月に創設された。それは闘争的、歴史学的、そして教育的な三つの取り組みの成果であり、その起源は一九七〇年代の日本や東アジアでのフェミニズム運動の発展に見いだされる。それに加えてさらに最近、一九九〇年代を通して、とりわけ一九九五年に北京で開催された第四回国連女性会議の際に、女性に対する暴力の問題が前面に登場したということがある。二〇〇〇年には「戦争と女性への暴力」日本ネットワーク協会によって東京で、一九三八年から一九四五年に日本軍が設置した性奴隷制度を裁くために、ラッセル法廷に倣って、女性国際戦犯法廷が組織されている。

民間団体が設立した博物館であるWAMの資力はきわめて慎ましい。当初は、博物館というよりも、日本軍が犯した性暴力を忘却しないという目的のために創設され、おもに資料収集に重点が置かれ、証言を集めるという大きな仕事を実現させている。そこでは、第二次世界大戦の記憶を超えて、東南アジアで日本の男性が実践しているセックス観光や沖縄に駐留しているアメリカ軍兵士による強姦なども含めて、女性に対する性暴力の情報が集まっている。しかしながらＷＡＭは、他にも日本に多く存在するような、特定の人々の範疇を対象としたテーマ別博物館である。ＷＡＭでは日本軍の犠牲者、「慰安婦」が対象であり、岡まさはる記念長崎平和資料館では長崎の原爆の韓国人犠牲者が対象であり、平和記念展示資料館（新宿）ではシベリアの抑留者や恩給のない退役軍人であり、鹿児島の知覧には神風特攻隊の知覧特攻平和会館がある。もちろん、対象とする集団の選択は、それぞれの博物館を構想した人々の方向性を反映している。

大阪国際平和センターは、二〇一二年に筆者が訪問した際には、以上のようなテーマ別博物館とはまったく異なった性格であった。というのも、一階は戦争中に大阪の町が被った空襲の展示に完全にあてられていたが、二階はアジア太平洋地域における「一五年戦争」にひろくあてられ、さらに、とりわけアウシュヴィッツ収容所の独房の入り口の展示等、ヨーロッパにおいてナチスが犯した虐殺等の国際的コンテクストにも目を配っていたからである。博物館が当時掲げていた意図は、以下を認めることであった。「日本の人々は、一九四五年八月一五日に終結する一五年戦争の戦場であったアジア、太平洋地域の人々に多大の苦痛を与えた責任がある。無数の日本人もまた命を落とし、負傷し病に倒れた。大阪の住民もまた、五〇回以上の無差別空襲で多くの人命と財産を失った。これらの一五年戦争についての冷静で慎重な考察を通して、われわれ一人一人は、世界平和の永続が達成できるように絶え間なく努力をしなければならない[20]」。一九九一年に創設された大阪国際平和センターは、日本軍が犯した虐殺を隠さず、またその展示を当時の学界で認められた歴史学研究の成果の中に位置づけていたが、それ故ただちに、歴史学には興味がなく昭和時代の過去が提起する影の部分を消し去りたいと願うナショナリストの運動の敵意の的になった。

一九九五年にハンブルク社会問題研究所が企画し、ドイツの三〇都市以上を巡回することになる展示「絶滅戦争――国防軍の犯罪　一九四一―一九四四」が、敵意に満ちた強力なデモの標的になり、一九九九年にはザールブリュッケンで爆弾テロに遭うほどであったのと同様の口実をもって、大阪国際平和センターは、攻撃に晒されることになった。展示資料のなかの二点の説明書きの誤りが指摘されたことが、展示全体の信用を貶めるために利用されてしまったのである。ドイツの展示の場合は、二〇〇〇年に設置された歴史家委員会が展示の中身を検討し、数点の修正の留保はつけて最終的にお墨付きを与えている。一九九九年一一月にいったん撤回された展示は、あらたに、「ドイツ国防軍の犯罪――絶滅戦争の次元　一九四一―一九四四」というタイトルで、二〇〇一年から二〇〇四年にかけて再開している。全体として、一〇年近くの間に、一〇〇万人近くの訪問者が、展示のどちらかのバージョンを観たことになる。

ピースおおさか(大阪国際平和センター)2017年8月撮影

大阪では残念ながら、学術的な方向には向かわなかった。大阪府と大阪市の政治的転換が、博物館への財政支出の大半を停止するという圧力をかけてきたのである。二〇一四年に閉館し二〇一五年に再開した博物館は同じ名前を冠するものの全くべつの博物館になった。フィリップ・シートンが、歴史博物館であったこの場所がナショナリストの物語に姿を変え、都合の悪い出来事の展示は消えてしまったという、この変化を詳細に伝えている(21)。

4　空襲下の人々

今や大阪国際平和センターの展示にあるのは、空襲の日本人犠牲者のみである。空襲、とりわけ戦略爆撃が徹底的に民間人を標的にし、敵国民の士気を破壊しようと考えられたことに議論の余地はない。ゲルニカ(一九三七年四月)、上海(一九三七年八月)、ワルシャワ(一九三九年九月)、そしてロッテルダムとイギリスの主要都市(一九四〇年)は、ヨーロッパや日本において連合軍が遂行する大規模な戦略爆撃の先例にすぎない。犠牲者は、例えば、日本やドイツでは数十万人、中国、イギリス、ポーランドあるいはフランスでは数万人を数える。犠牲者の数もさることながら、狙われたのが民間人であるがゆえに、空襲は、戦争の形態そのものを変容させ、戦場をすべての空間に広げてしまったのである。たとえ前線から遠く離れていても、誰も戦火を免れない、言い換えれば、戦場はいまや家庭にまで及んでいるのである。空襲を経験したすべての国において、空襲は住民の記憶に刻み込まれ、戦争の歴史のなかの主要な位置を占めている[22]。

広島と大阪の博物館は、空襲がいかに日常との絶対的断絶を引き起こすのかを展示している。壊れた腕時計、溶けた物体、焼かれた体、空襲の前と後での現場の写真、それらが、住民のなかでの死の出現の突然さを際立たせている。「大量殺戮の瞬間」の展示を補うのは、空襲下の生活の時間的な展開であり、防空壕や防空体制の展示、そして再開される生活と再建の展示である。それにもかかわらず、これらの都市が戦場、つまり兵士が戦闘している場所からは離れていることが、これらの都市は戦争のなかにあり、空襲も戦闘の一部であり、近代戦争における「戦場」をそれぞれの都市が構成していることを忘れさせてしまう可能性もある。戦争の全体像をぬきにした空襲の歴史は、過去の物語をさらに犠牲者化するという作用がある。

5　兵士の苦しみあるいは犠牲者としての兵士？

これまで言及してこなかった最後の二つの博物館、大和ミュージアム（呉市海事歴史科学館）[23]と東京の遊就館は、戦争全体の歴史には断固として背を向け、日本の兵士のみを展示し、後述する例外を除いて民間人もほぼ無視しているだけでなく、敵国人は一切登場しない。兵士のみである。彼らは捕虜生活や敗北に苦しむことはあれ、その勇気、そしてしばしば、その犠牲が前面に出されている。ここにあるのは、犠牲者としての兵士、シベリア抑留者、戦後に恩給がない兵士、植民地や征服地からの帰還兵などの物語を語り、犠牲者のディスクールの延長線上にある、軍事的ヒロイズムの博物館である。日本人の犠牲者を中心に据えることで、兵士たちを犠牲者として描き、彼らが犯した行為からは目を背け、彼ら兵士のみに降りかかった戦争の悲劇を告発し、「平和のディスクール」の枠内に彼らをとどめている。

大和ミュージアム（呉市海事歴史科学館）

兵士たちの苦しみや彼らの犠牲の究極の展示が神風特別攻撃隊の姿である。かつて大阪で展示されていた神風は、犠牲の愚かさを強調するためであったが、大和ミュージアムと遊就館は逆に、愚かしいほどに、その勇敢さを讃えていた。

広島市から二五キロほどしか離れていない大和ミュージアムは、

多くの日本海軍の軍艦が建造されていた海軍造船所の場所に、二〇〇五年に開館している。軍艦のなかでももっとも巨大な戦艦大和は、ここに十分の一スケールで復元されている。一九四五年四月六日に大和は、ほかの九隻の軍艦とともに、沖縄攻撃をしようとしている米海軍の艦隊に対する特攻使命をもって出撃している。翌日、アメリカの航空部隊が大和とほか五隻を海に沈め、三七〇〇人、大和一隻だけでも三〇〇〇人が戦死した。三〇メートルの大和の模型の周囲に配置された展示室は、文字通り技術的栄光の展示であり、「もっとも巨大な戦艦」、速度も、大砲の射程距離も最高のものを生み出した造船所の栄光の展示であり、さらにまた（フランスの海洋開発研究所の協力のもと）その残骸の発見を実現した潜水艦による海底発掘調査の展示もある。「大和精神」が驚くべき平和の象徴として謳われているが、讃えられているのが技術的冒険なのか、それとも究極の犠牲の方なのかを問うことを躊躇してしまう。「人々を啓蒙し日本近代史の知識と平和の大切さを教えるだけでなく、日本の将来をつくりあげ、科学と技術の偉大さを理解する子供たちを育てることによって、未来のために夢と希望を打ち建てた呉のユニークな博物館[24]」。ここには、様々な方法で工夫された子供たちに向けられたメッセージがある。というのも大和は、シールやゲーム、写真として商品化され、帝国海軍の旗はカフェテリアのお子様ランチの皿に立てられているからである。大和の物語のおかげで、誰も殺していない兵士を賞賛することができる。というのも、大和が参戦したのはフィリピン沖海戦でのごく短期間のみであり、軍事的には無意味な犠牲のために命を捧げたからである。しかしながら、第一次世界大戦での戦艦の近代性を強調していることには驚かされるかもしれない。それらは第二次世界大戦では空母によって主役を奪われ、他の国の艦隊の多くと同様に、戦闘ではマージナルな役割しか果たせず、沈められてしまったことが知られているからである（ドイツのビスマルクやティルピッツ、アメリカのアリゾナ、イギリスのプリンス・オブ・ウェールズ、フランスのリシュリューなど）。

呉でも展示されていたゼロ戦とビルマ鉄道の機関車が、遊就館の入り口で訪問者を迎えている[25]。ここでは苦しみは犠牲でしかない。日本軍の戦闘は完璧に正当化されている。その進出が地図上に描かれた、西欧の侵略への反撃としての戦争である。「一五年戦争」ではなく「事変」そして「大東亜戦争」であり、それらは明治時代からアジア諸国の独立に至るまで救世主の歴史として刻まれている。見学コースの最後には別の地図がアフリカやアジアの諸国の独立への道が、とりわけホーチミン、ガンディーあるいはスカルノらの人物とともに示されている。ビルマ鉄道建設の際のアジア人の強制労働者の死亡率は白人捕虜のそれに匹敵していたことを知っているだけに、この落差には驚かされる。[26] 説明は一方通行であり、いかなる疑問も挟むことは望まれず、ナショナリスティックな説明書きが提供されるだけである。朝鮮や満州は日本の存在によって都合よく解決される「問題」であり、南京は、「民間人の服装に変装した中国兵が厳しく処断された[27]」単なる「事件」にすぎない。

博物館学的にみれば、遊就館は多くの国の首都にみられる軍事博物館に似ている。そこでの主役は、軍服、兵器、勲章、写真それに戦闘地図である。第二次世界大戦が日本近代史のなかに組み込まれているとはいえ、帝国軍隊の兵士たちは、侍や神風の連続したもののなかに位置づけられている。彼らのヒロイズムを崇拝することで敵対者が視覚から消えてしまっている。戦争をしたのはあたかも日本人だけであったかのように、肖像画や写真には日本人しか登場しない。カタログすべてを通して、円形肖像にあらわれるのは、戦闘で亡くなった将校や兵士たちの肖像である。敵はもちろん、日本の民間人もほとんど存在せず、大雑把に組み合わされた兵士たちの戦争の姿だけである。

6　男だけでなく女の歴史

以上の五つの博物館はきわめて多様ではあるが、グローバル化された記憶の物語[28]に固有の共通の傾向も引き出することができる。それは、犠牲者の時代の記憶であり、すでに見たように、筆者が訪問した博物館のなかで多様な偏差とともに見出されている。このような犠牲者の強調は、語られる歴史的出来事の個人化現象に付随するものである。教育的目的であれ、訪問者の自己同一感の期待を先取りするためであれ、戦時下の人々は個人のレベルで見られなければならない。個人資料、手紙、日記そしてもちろん個人写真などは、多くの博物館で、人々にとっての戦争の記憶へ誘う必須の手段となっている。「写真の壁」は、戦争とそれがもたらした現象は集団的に経験したものであるがゆえに、量的な効果と、感情移入を媒介する個人化とを統合しようとしているのである。

ＷＡＭでは、最初の展示室には、「慰安婦」の運命が目に見えるように、証言した人たちの写真の壁がある。遊就館には、戦闘で亡くなった三〇〇〇人の日本兵の肖像写真がある。

広島は、元々はほとんど存在しなかったこれらの個人化に適応しなければならなかった。一九五〇年代以来、原爆の犠牲者の遺灰が眠る記念碑は、記念公園の中心にある。これについては埋葬方法という観点からは西欧との大きな文化的差異があることを指摘できる。火葬場は、ガス室での殺害の後でのユダヤ人の破壊過程の一部を形成している。ショアーでの犠牲者の火葬は彼らの消滅と、ナチによる証拠の隠滅の段階の一つである。日本では、火葬はまったく異なっており、葬儀での（神道においても仏教においても）通常の実践である。「消滅」という同じ感覚には表現できない差異がそこにはある。それでも、二〇〇二年には、国立の追悼平和祈念館がすべての原爆犠牲者のために設けられている。そこでは、追悼空間の中で、死者の名前と肖像を見ることができる。それは遺影コーナーの中に置かれたスクリーンに映し出され、その仕切りは、一九四五年一二月三一日時点で亡くなっている犠牲者の数に相当する一四万の小さなタイルで構成されている。ここでは、例えば、収容所移送で亡くなった一人一人のために光る鋲をイメージした、建築家ジョルジュ＝アンリ・パングッソンによって一九六二年のパリのシテ島の強制移送記念碑で使用された、追悼手法が思い起こされる。隣接したスペースには、一〇万人分のアクセス可能なデータベースによる証言の展示室と、犠牲者の写真と名前のあるスクリーンのスペースがある。

個人化は、女性により重要な場所を与えるという、歴史学の最近の進展を取り込むことも可能にしている。女性や子供を包摂するという手法は、母と子の象徴的姿についてであれば新しいものではない。無垢と生命の結合した姿、母子のペアは、犠牲者をこの上なく体現している。空襲の際に空から来る暴力の犠牲者、その像は大阪国際平和センターの前にも広島平和記念資料館の前にもある。あるいは、遊就館の戦争未亡人と三人の子供たちが供物のように祀られた姿。(29) しかし個人化はもう一つのロジックからも生じている。女性の人生の歴史、女性の「運命」を戦争の物語に統合するということである。「空襲下」での存在が目立つ女性たちは、多くの私物、手紙、子供の絵、この時代の語りを遺しているが、これは研究対象にすべきだし、今後は歴史史料、戦争体験の証言と見なすべきであろう。

女性の言葉はWAMの設立趣旨の中心にあるので、女性の証言がそこで大きな位置を占めているのは驚くにあたらない。「彼女のストーリー。WAMは女性が平和な世界のために一緒に働くことができる場所です。WAMは戦争の時代に軍事侵略の下で苦しんだ女性たちのストーリーを集めて記録しています(30)」。

他方で驚かされるのが、遊就館のようなほとんど専ら兵士たちに捧げられた博物館のなかにも、女性たちのストーリーがあることである。他方で大和ミュージアムには完全にそれは不在である。

遊就館で重要な位置を占めている女性たちは実際のところ虚像である。これは、遊就館が、戦争中に日本の東北地方で行われていた、戦闘で亡くなった独身兵士の許嫁として人形を捧げるという服喪の実践を回収してしまっているということである。(31) 兵士に向けられた軍国主義的崇拝において、このような死後の男性性の保証という行為は、戦後五〇周年の頃から強力に奨励されてきている。二〇〇二年からは、戦死した兵士たちの写真のすぐ近くで、これらの人形がいくつかガラスケースの中で展示されている。(32) しかし、これらの人形が遺族によって提供されたものであっても、それは戦争中の女性たちの体験に関係するものではないということは明らかである。戦闘展示が目的のこの博物館では、同様に、日本への空襲も防空体制や対空攻撃の観点からしか考察されず、空襲の犠牲者は不在である。大阪では非常に目立っていた民間防空組織に関することも、ここでは無視されている。

男性と同様、天皇のために犠牲になった女性のみが、ここでは重要である。靖国神社に祀られている二四六万人の兵士に対して、看護師や軍需工場で働いて勤務中に亡くなった「気高き女性たちのみたま」五万七〇〇〇人が存在している。しかしもっとも象徴的なケースは、夫が神風特攻隊に出撃できるように自分の子供を殺して自殺した女性や、すでに五日前に降伏しているのに一九四五年八月二〇日の赤軍到着の際も抵抗を続けたクリル諸島の真岡島で自殺した九人の郵便局員である。一九四五年春の多くのドイツ人女性がそうしたように、彼女たちは暴行される恐れから自殺したのかもしれないが、遊就館では性暴力については何も言及されていない。戦争で亡くなった「慰安婦」は、帝国軍に随行していたとはいえ、「高貴なみたま」のなかには登場していない。

おわりに

これらの場所ごとの差異は、それぞれの目的が競合することで、記憶装置の重要度がいかに増しているのかを示している。イデオロギーの対立は目に見えて激しく、デモや請願や脅迫によって騒がしくなっている。筆者自身、大阪滞在中に、戦時中「慰安婦」だった高齢で純朴な女性を満州に訪ねた韓国人、安世鴻の写真展を見学する機会があった。老い、忘却そして「重重～中国に残された朝鮮人元日本軍「慰安婦」」と題した記憶についての白黒のとても美しい肖像写真の作品であった(33)。おそらくこれらの女性たちの衰えた顔を見ることだけでも人によっては耐え難いために、展示室に入る前には「韓国人の嘘」や「女性たちの不道徳性」を告発するデモのピケを横切らなければならなかった[34]。政治的思惑、それは外交的、戦略地政学的配慮が背中合わせにあるだけに強力ではあるが、それらに目を奪われて、地域、関係者、財源、想定される見学者などによって博物館学的語りのなかに存在する多様性を見逃してはならない。

これらの博物館を見て、そしてまだ見るべき博物館も多いが、最後に気付くのは、ナショナリストのディスクールは几帳面なまでに騒がしいものの、国民としてのディスクールの不在である。これらの場所は結局のところ、国際化はほとんどなされておらず、英語の説明も体系的ではなく、外国人観光客の割合は、広島でやっと一〇％にすぎず、博物館学的な方法論としては、文字資料に依然きわめて重点が置かれており、文書の豊富さについては、おそらくヨーロッパの大半の博物館以上であろう。逆に、これらの場所への訪問者は常に多く、とくに多くの生徒が訪れるものもあり、その多様性において日本の記憶の中心的な位置をおそらく占めている。それだけに、第二次世界大戦についての日本や世界の歴史研究の成果からかけ離れているように見えるのは残念である[35]。

(1)　メンバーは、コリーヌ・ドゥフランス、ヴィルジニー・デュラン、マリヴォンヌ・ルピュロシュ、フランソワ＝グザヴィエ・ネラール、エヴァ・ヴェイル、アネット・ヴィヴィオルカである。

(2)　オーストラリア戦争博物館については、cf. Fabrice Virgili, «Images et sons, L'Australian War Memorial à Canberra», *Vingtième Siècle. Revue d'histoire*, n° 101, 2009, pp. 197–200 で、南京大虐殺紀念館については、「戦争の痕跡」セミナーで報告している。ベルリン、アウシュヴィッツ＝ビルケナウ、ニュルンベルク、カーン平和記念館、ショアー記念館、強制移送記念碑（シテ島）、モンヴァレリアン記念館には学生と研修旅行を実施した。オラドゥール記憶センターも訪問した。ラトビアのサラスピルスとビケニエキについては、cf. Fabrice Virgili, "Des sites sans visiteurs: les mémoriaux du camp de Salaspils et de la forêt de Bikernieki en Lettonie", dans Piotr Cywinski et Annette Wieviorka(dir.), «Le Futur d'Auschwitz», Actes de la Journée d'études du 11 mai 2010, *Les Cahiers Irice*, n°7, 2011.

（3）François Rouquet, Fabrice Virgili, et Danièle Voldman, *Amours, guerres et sexualité: 1914-1945*, Paris-Nanterre, Gallimard Musée de l'armée BDIC, 2007, p. 175.

（4）http://www.mnemosyne.asso.fr/mnemosyne/category/colloques-journees-d-etudes/

（5）Philip A. Seaton, *Japan's Contested War Memories: The «Memory Rifts» in Historical Consciousness of World War II*, Édition: annotated edition., Routledge, 2007, p. 267.

（6）Michael Lucken, *Les Japonais et la guerre: 1937-1952*, Paris, Fayard, 2013, p. 400.

（7）歴史教育者協議会編『平和博物館・戦争資料館ガイドブック』青木書店、二〇〇四年。同書については、以下から引用した。Karl Gustafsson, *Narratives and Bilateral Relations: Rethinking the «History Issue» in Sino-Japanese Relations*, Stockholm, Department of Political Science, Stockholm University, 2011, p. 38.

（8）パリの軍事博物館(アンヴァリッド)、ロンドンの陸軍博物館、アテネの戦争博物館、ストックホルムの軍事博物館など。

（9）http://hpmmuseum. jp/

（10）*The Spirit of Hiroshima: an introduction to the atomic bomb tragedy*, Hiroshima, Japan, Hiroshima Peace Memorial Museum, 1999, p. 105.

（11）UNESCO Centre du patrimoine mondial, *Mémorial de la paix d'Hiroshima* (*Dôme de Genbaku*)、http://whc.unesco.org/fr/list/775/

（12）二〇一二年に配布されていた、平和記念資料館案内チラシのフランス語版の「はじめに」より。*Musée d'Hiroshima pour la paix*, dépliant en langue française, texte d'introduction, distribué en 2012.

（13）Michael Lucken, *Les Japonais et la guerre*, *op. cit.*, p. 293.

（14）以下のモントリオール大学のサイトを参照。RÉSEAU DE RECHERCHE SUR LES OPÉRATIONS DE PAIX, Université de Montréal, *FICHE D'INFORMATION DE L'ÉTAT JAPON*, http://www.operationspaix.net/92-fiche-d-information-de-l-etat-japon.html

（15）Piotr M. A. Cywinski, «Auschwitz, site mémoriel au XXIe siècle: réalités, enjeux, questions», *Les cahiers Irice*, 5 avril 2011, n° 7, pp. 9–25.

(16) Philip A. Seaton, *Japan's Contested War Memories, op. cit.*, p. 176.

(17) Werner Gruhl, *Imperial Japan's World War Two: 1931–1945*, New Brunswick, New Jersey, Transaction Publishers, 2010, p. 266.

(18) Philip A. Seaton, *Japan's Contested War Memories, op. cit.*, p. 171.

(19) http://wam-peace.org/en/

(20) 二〇一二年一〇月に確認した、大阪国際平和センターの日本語・英語パネル掲示。

(21) Philip A. Seaton, *The Nationalist Assault on Japan's Local Peace Museums: The Conversion of Peace Osaka—The Asia-Pacific Journal: Japan Focus*, http://apjjf.org/2015/13/30/Philip-Seaton/4348.html

(22) Danièle Voldman, *La reconstruction des villes françaises de 1940 à 1954. Histoire d'une politique*, L'Harmattan, Paris, Montréal, 1997.

(23) http://yamato-museum.com/

(24) Yamato Kure Maritime Museum(二〇一二年一〇月に配布されていた、英語版の案内チラシ)。

(25) http://www.yasukuni.or.jp/english/yushukan/

(26) John W. Dower, *War Without Mercy: Race and Power in the Pacific war*, New York, Pantheon Books, 1986, p. 47.

(27) John Breen, Yasukuni Jinja, Yūshūkan, et Yasukuni Shrine, *Record in pictures of Yasukuni Jinja Yūshūkan*, Tōkyō, Yasukuni Shrine, 2009, p. 40.

(28) Henry Rousso, «Vers une mondialisation de la mémoire», *Vingtième Siècle. Revue d'histoire*, no 94, n° 2, pp. 3–10.

(29) 大阪国際平和センター『一九四五年の母子像』(粟津潔、一九九一年)、広島平和記念資料館『嵐の中の母子像』(本郷新、一九六〇年)、靖国神社『母の像』(作者不詳、一九七四年)。

(30) 二〇一〇年二月発行の英語版のチラシ：*Women's Active Museum on War and Peace, Toward a future of peace and non-violence.*

(31) Morris Low, «Gender and representation of the war in Tokyo museums», *in East Asia Beyond the History*

Wars: Confronting the Ghosts of Violence, Abingdon, Oxon, United Kingdom, Routledge, 2013, p. 115.

（32） Ellen Schattschneider, «The Work of Sacrifice in the Age of Mechanical Reproduction: Bride Dolls and Ritual Appropriation at Yasukuni Shrine», *in* Alan Tansman (dir.), *The Culture of Japanese Fascism*, Durham and London, Duke University Press, 2009, p. 307.

（33） http://juju-project.net/en/exhibitions/

（34） *Politics taint Ahn Sehong's 'comfort women' photo exhibition*, http://www.japantimes.co.jp/life/2012/08/19/general/politics-taint-ahn-sehongs-comfort-women-photo-exhibition/

（35） 本稿執筆にあたり、草稿に目を通して貴重な助言をくれたフランソワ・ルケとダニエル・ヴォルドマンに感謝する。

第Ⅱ部　ヨコの公共史

第5章　第一次世界大戦の博物館展示
――ペロンヌ大戦歴史博物館（ソンム県）の事例

ステファン・オードワン＝ルゾー
末次圭介（訳）

はじめに

戦争を扱った博物館は全世界に非常に多数存在するが、戦争を博物館で展示する、つまり戦争を「博物館化する」という行為は決して平凡な作業ではない。問題は単なる博物館管理の次元にとどまらず、歴史的あるいは市民的な次元にも及ぶ。なぜなら、あらゆる歴史博物館は公共空間で表明される歴史的・政治的な言説、市民に向けて発せられる言説となるからである。

本稿では、フランスのソンム県のペロンヌ大戦歴史博物館の事例を元に、第一次世界大戦を扱う特別な博物館の設計に採用された考え方を紹介する。大戦歴史博物館（原文名称の Historial とは、仏語の Mémorial（記念碑）と Histoire（歴史）をかけたものである）は一九九二年に開館し、間もなく開館二五年を迎える。当博物館に対する筆者の役割は特殊なものであり、まず説明しておきたい。筆者は現在当博物館の国際研究センター所長を務めている（後ほど紹介するが、歴史研究が常に博物館本体と関わりながら行われてきたことが大きな特徴の一つである）。それ以前の一九八〇年代末から一九九〇年代初めにかけては、若手の教員兼研究者として、大戦歴史博物館の設置計画に大きく関わった国際的な歴史家グループに参加していた[2]。今日振り返ると、本博物館は第一次世界大戦を専門とする歴史家である筆者にとって、歴史研究に関わる重要な経験を提供してくれた。つまり、当博物館に関わる取り組みおよび博物館内での業務を通じて、第一次世界大戦に関する筆者自身の歴史研究が決定的に変容し、方向性が定まったのである（同時に、大戦全般に関する歴史研究のあり方を変容させ、一般の人々が持っていた大戦に関するイメージを変えることに貢献したであろう）。なかでも、展示物からは自身の研究上決定的な教えを与えられた。しかし、まず博物館そのものについて紹介したい。この点については本稿の第2節に譲り、設立から二〇一四年の第一次世界大戦一〇〇周年初頭に至るまでの博物館の歴史を紹介するとともに(3)、引き続いて本稿執筆中の現時点では未完成の新しい展示についても取り上げたい。

序論の最後に、写真を活用したとしても博物館という空間について言葉で説明するのは非常に難しいということを述べておきたい。博物館は空間であるということがその難しさの一番の理由であり、当博物館の場合、歴史の流れを空間と量感で表現するには博物館という空間の内部を物理的に明確に区切り、その存在意義を最大限に発揮できるようにする必要がある。そのため、本稿では博物館について、不完全な概要しか示すことができないがご了承頂きたい。

1　当初の博物館

大戦歴史博物館は、「現地保存型博物館」を名乗る資格が十分にあるだろう。なぜなら、二〇世紀欧州における最も大規模な戦闘の一つに数えられる、一九一六年六月末（英仏連合軍の攻撃開始）から同年一一月（悪天候により軍事行動の延長断念を迫られた）までの四カ月半にわたり継続したソンムの戦いの戦場に建てられているからである(4)。

この戦場はイギリスにとっても重要な記憶の場となっており、二〇一六年七月一日にティプヴァル（ソンムの戦いの中心地）の凱旋門でイギリスが開催した荘厳な式典を見てもわかるように今日なお記憶の場であり続けている。

大戦歴史博物館は、ソンムの戦いの最中ドイツ軍の後方陣地のあった小さな街ペロンヌに位置する。一九一六年の連合軍攻撃の際、イギリス軍の砲弾で破壊されたものの奪還されることはなかった。戦後、一九二〇年代を通じて街全体が再建された。本博物館は中世の要塞の裏側の、大戦中破壊された建築物の瓦礫などを用いて湖を埋め立てた場所に建てられており、市街地からは見ることができない。博物館は湖に面しているため、見えるのは湖側からだけである。博物館の建物はモダニズムの流れを引き継ぐ建築家アンリ・シリアーニの作品で、ル・コルビュジェの影響が明白である。シリアーニは、破壊こそが戦争を特徴づけるものである以上、戦争博物館を建設するというのは矛盾した行為であると考えた。この矛盾に対処すべく、融和を表現した建築を採用したのである。建物には白い大理石を使い、水面に反射するようにした。外壁面の大理石の切込みは、この地域にある軍人墓地の白い墓石を示唆したものである。特に英軍の墓地は非常に広範囲に分散しているため、地域にはこういう墓地が何百と存在する。⑤

ペロンヌ大戦歴史博物館の建物（©Yazid Medmoun）
http//www.historial.fr/en/presentation-2/architecture/

融和という考え方は、博物館の内部建築や展示方法⑥にも反映されている。展示室の中央部分では、床の一段低くなった場所に展示物を横向きに並べる形で「前線」すなわち戦闘・兵士の世界が展示されてい

1914-1916の展示室
http//www.historial.fr/en/museum-layout-and-tour/visiting-the-museum/

る。なお、本博物館では世界の大多数の戦争博物館で通常展示の際に用いているような縦に立てて並べる展示方法とは一線を画している。兵士の世界を描くために設けたこの「墓穴」のような展示スペースは一九九〇年代初め、大戦歴史博物館の非常に独創的な試みとして注目された。この特徴は現在に至るまで、博物館設計上革新的な工夫であると筆者は考えている。また、博物館が主たるターゲットとしてきた子どもたちを含め、来訪者からも好評を得ているといえる。第二展示室では、戦闘における正真正銘の「身体美」の特徴ともいえる一九世紀以来の軍服に身を包む第一次大戦当時のフランス軍兵士を追憶する「墓穴」があり、この工夫を見事に例示しているといえるかもしれない。ガラスケースで保護されていない展示品の扱いは非常に「考古学的」である。来訪者はまるで一種の共同墓地にいるかのようだ。この暗喩的な「死」の存在は、博物館の展示のあり方として非常に衝撃的だ。とはいえ、戦闘における死の表象は写実的ではない(軍服は身体の形に膨らんでいるが、手と顔がないことがわかる)。博物館の展示では人類学的側面も重視しており、戦場における習慣を知ることができる。そのため、それ以降のフランス、ドイツ、イギリス兵を偲んだ「墓穴」には、兵器や軍服、備品といった通常の工業製品とならんで、個人の事物がたくさん展示されている。

展示室の端のほうにある、ドイツ・フランス・イギリスを厳密に比較する形で紹介した三段のガラスケースの中には、「後方」（イギリスではHome Frontすなわち「銃後」とも呼ばれた）の世界が展示されている。しかし、「前線」と「後方」は常に連関していたことがわかるよう展示が工夫されている。一九一四―一九一八年の第一次世界大戦中、民間人と軍人の世界は決して切り離されたものではなかったからだ。二つの世界を別々かつ関連付けて紹介しているのは、当博物館の優れた特徴である。

第三展示室の設計にはドイツの敗北に対する歴史学的解釈が反映されており、敗北の様子が空間全体を特徴づけるカーブした壁で表現されている。戦場におけるドイツの優位性が徐々に崩れていく有様を強調した博物館設計が採用されると同時に、同じくドイツ側において、経済・社会的にも「銃後」からの動員力が弱っていく様が表現されている。二つの現象が交差しあいドイツ敗北につながる様相が展示室の端で描かれている。この先にある最後の展示室は第一次大戦後がテーマである。兵士の墓穴に代わり死者への記念碑が見える。

なお、他の多くの戦争博物館とは異なり、大戦歴史博物館には兵器の展示がほとんどないことにも留意してほしい。大部分の戦争博物館でこれまでうやむやにしてきた点ではあるが、当初から来訪者が兵器に魅せられるのは避けたいという点で本博物館の歴史家、学芸課、建築家らは一致していた。一方、身体の苦痛が実に生々しく表現されていることも特色であるが、決して「平和主義的」博物館と自らを位置づけているわけではない。何よりも歴史博物館であって、戦争や戦争に関わった社会的当事者のありのままの姿の理解促進を目指してはいるが、戦争そのものに対する道徳的・政治的判断の形成を目的とはしていない。

一方、大戦歴史博物館は意識的に「比較」を追求した展示法を採用している。そのため、特に銃後については、西部戦線の主要列強国（ドイツ、フランス、イギリス）に対する比較の試みが常になされる。その一方でピカルディー地方やソンム県、ペロンヌ市といった地域の視点を決して見失わないよう、視点のスケールを適宜切り替えるなどして展示に工夫が施されている。

戦争の経験を根本から表現する優れた手段である芸術は、大戦歴史博物館の至る所で活用されており、通常の戦争博物館と違う一つの特色となっている。ドイツの芸術家オットー・ディックスを全面的に取り上げた展示室があり、博物館の核を占めるとともにある種の強烈さを博物館に添えている。このような美術品だけでなく、民間人・軍隊問わず戦争中の日常社会が重視されている。博物館の展示法は、ドイツの「日常生活史(Alltags-geschichte)」概念とそれほど離れていないように感じるかもしれない。人類学的な観点を強く反映し、兵士自身が製作した物品が重視されていることに注目が必要である。塹壕で作られた数々の品(英語では trench art という)が、兵士たちに捧げられた墓穴の上に吊り下げられており、激しい戦争の中にあって保たれた人間性が体現されている(7)。

2　博物館と研究

一九九二年の大戦歴史博物館開館に先立ち、歴史家による研究作業が集中的に行われた。そこでは出身国の異なる様々な専門家が研究センターに集まって議論し、第一次世界大戦についての「もう一つの歴史」に関する研究の進展と並行して、当時構想中だった本博物館に研究成果を反映させる方向性を決定した。博物館は歴史研究の成果を発表する場であると同時に博物館としての展示機能を備えるべきものとされ、決定的な節目を迎えていると思われたこの時代に、人々に対し取るべき言説を示す役割が期待された。東欧では共産主義が終焉を迎え、欧州統合に向けた決定的な一歩が踏み出された一九九〇年代初めにおいて、第一次世界大戦はもはや「終わったもの」という印象を与えかねない状況であり、大戦について、別の観点から話すべき時が来たのではないだろうかと我々は考えた。国民国家の壁を越えた、より隔てられた時代に対する新たな博物館展示法、歴史研究に取り組む最適の時を迎えているように思われたのである。

このような見解の甘さや間違いについては本稿で論じないが[8]、他にも間違って考えていたことがあった。ペロンヌのような博物館の創設に携わった歴史家のグループなら、例えば政治家や建築家、博物館管理の専門家、学芸課、研究者、グラフィックデザイナーなどの様々な専門家以上に、自らの科学的専門知識、歴史家・研究家としての知見をまだ計画中の博物館に活用できると考えられるだろう（実際、開館時にはおそらく我々もそのように考えていた）。ところが、実際には必ずしもそのようには物事が進まなかった。

確かに、大局的に見れば歴史研究が博物館の展示に明白な影響を与えているのは自明である。フランスに建設されたにもかかわらず西部戦線の主要な三交戦国（フランス、イギリス、ドイツ）を対等に比較し、博物館を「脱国民化する」試みがなされた。博物館の中央部分にある戦闘や兵士について扱った展示室と、端にある「銃後」がテーマの展示室とは分けられているが相互に連関している。軍事的側面から離れた戦争の文化的歴史に対する関心（それゆえ兵器はあまり重点が置かれず映像や芸術が重視されている）、立地場所の美しさ、抑制的な雰囲気、意図的な沈黙、これらすべてが現在の研究の先端における状況から影響を受けつつ作り出されたものである。研究成果に博物館設計者らが刺激を受け、学芸課が指針を決める形で反映されている。

しかし、より詳しく見るとそう単純な話ではなく、歴史研究者の立場は上に記したことから想像されるほど優位ではなかった。まず自明のことながら、一九九〇年代初めの歴史研究の状況は今日とは異なるものである。時間の経過とともに振り返ると、当時の歴史学には数多くの疑問、不十分な欲求、最初の疑問への不完全な解答が内在していたように思えてくる。このことははっきり認識するべきだろう。より上の世代から見れば、博物館開館計画に集まった歴史家は十分歴史を理解しているように見えたが、彼らがこれから記述し、博物館に展示し、広く一般大衆に発信しようとしていた歴史研究はまだ端緒についたばかりだった。その意味で、研究はまだ実験的段階の入り口にすぎなかった。また、歴史家らに博物館管理の知見はなかった。ここでは二種類の学びが並行して行われたのである。

歴史家たちが直面した困難をよく理解できるように一例を挙げたい。博物館のある展示室では、戦争開始について紹介した後、一九一四年夏のドイツ軍侵攻ならびにベルギー、フランス北東部占領の問題を取り扱うことが予定されていた。ここで、当時の歴史研究ではほとんど全く論じられていなかった侵攻時のドイツによる暴力の問題が浮上した。作業上の制約、特に短い文章でまとめるという制約上、解説文の執筆は常に困難が伴うが、この作業こそが不本意ながらも歴史家同士が出身国ごとに分かれて激しい議論をたたかわせる原因となった。「ドイツの残虐行為」に括弧をつけるべきか否か。「ドイツ人が犯した残虐行為」と書くべきだろうか。「ドイツ人が」と言わず「一部のドイツ人が」残虐行為を犯したというべきだろうか。そもそも「残虐行為」という用語は適切であろうか。第一次世界大戦の話を持ち出すことで、第二次世界大戦でナチが犯した極度の暴力行為が相対化されてしまわないだろうか。

最終的に歴史家らが合意した手法は、歴史家たちが個人および集団で取り組んでいた自身の研究を進める上でこの困難な議論がもたらした影響と比べればそれほど興味深いものではない。この問題をより突き詰めるべく、この分野での研究に着手した研究者たちもいた(9)。しかし、それ以降、以下のように視点を逆転させることの課題が理解されてきた。当たり前だが博物館に関する設計構想が、博物館構想を練り上げる以前にさかのぼって先行研究の転換、応用、適応の道を切り開くわけではない。博物館構想のあとに研究が行われるのであって、博物館構想により研究の道が開かれ、刺激される。この点を踏まえなければ、博物館構想により研究が失敗に追い込まれる場合も出てくる。

3　展示品からわかること

より全般的な話としては、展示品についても問題が起こり、同様に対応が必要となった。展示品のない大戦博物館など考えられない。ところが、公共あるいは私蔵のコレクションをベースに博物館を開設するというよくあるパターンとは異なり、大戦歴史博物館は当初既存のコレクションと一切関わりをもたなかった。ソンム県では、あらゆるものの中から展示品を探し出す必要に迫られた。

ごく当たり前の話のように聞こえるが、まず学芸課から歴史家が相談を受けた。博物館の構想は歴史家が練り上げるものという合意があったからだ。そして、適切な展示品の一覧作成も歴史家に任せ、世界各地の市場で可能な限り購入するという手筈だった。しかし、このやり方は非常に厄介な問題に直面した。歴史家でさえ、第一次世界大戦に関連する事物について全然知らなかったのである。言い換えると、一九一四—一九一八年を生きた人たちにとっての「物質的文化」の中身がどんなものだったか、専門家を自称する我々が何も知らなかったのだ。さらに悪いことに、博物館側から要請を受けるまで、歴史家らはこの欠落について全く気付いていなかった。実際には、第一次世界大戦の世界は事物であふれていた。戦争の産業的性格、期間の長さ、総力戦という性質、そして兵士たちの世界で豊かな創作活動を呼び覚ますほどの戦線の膠着ゆえにこうした豊かな事物が生まれたことを考えると、余計に残念な話である。

このような問題に直面した研究者らは経験に深く根付いた方法で時間をかけて少しずつ、これまで研究対象から外れていた戦争の「物質性」を発見していった。学芸課の管理する様々な保管庫にコレクションが集まってゆくにつれて、まだ保護されておらずほぼ自由に手に取ることができた数々の事物と向き合った歴史家らは、知られざるもう一つの大戦の歴史を知ることができた。最若手の研究者にとっては、すぐに自覚したわけではないがはっきり体感できる顕著で知的な第一級の衝撃が生じたはずだ。研究者自身の携わる歴史学研究も大きな影響を受けた。例えば、アネット・ベッケールの『戦争と信仰』[10]に関する研究は、戦闘員や民間人の敬虔さ、戦争当事国国民の宗教生活を体現する非常に多くの事物に接することがなければ、これほど広範囲を網羅することはできなかっただろう。そして、子どもたちに戦争下の生活を我慢させる、あるいは戦争に関わらせる手助けとして製作された玩具の発見なしには、子どもの世界を中心とする筆者の研究は考え付かなかっただろう。それまで、筆者自身にとっても他の者にとっても、「子どもの世界」は存在していなかったのである。喪を表現する数多くの事物（衣服、死亡通知、記念のための肖像画など）なしには、アネット・ベッケールも筆者自身も、戦争により生じた喪の広がり、戦争終結後に生き残った者らに対して死者が及ぼした重みについて少しでも理解を深めることはできなかっただろう。[11] 残された遺族があまりにも多く、「戦争からの脱却」が不可能といっていいほど困難であったという問題は、これまで事物を用いて同じように論じられたことはなかった。この問題に関しても、博物館は研究を先導する役割を果たした。研究成果により博物館が充実した以上に、博物館が研究を刺激したのである。個人的に、私自身の歴史研究も当博物館に負う部分が大きい。時間の経過とともに、ペロンヌ大戦歴史博物館の「展示物から得られた知識」の影響力は大きくなり深みを増す一方である。[12]

おわりに　そして今、新しい博物館へ……

とはいえ、現在では当然のように定着したペロンヌ大戦歴史博物館の展示方法も、実際はしばしば困難を伴った様々な対立を生じ、ある種の妥協の産物であったことを強調したい。そのため、最終的に完成した形態が当初から自明のものであったという印象を脱却する必要がある。博物館の根本的な思想は不変であるものの、開館時の博物館の姿は現在の博物館とは異なるため、一層注意が必要だ。

確かに、大戦歴史博物館は、特にその基盤にある歴史研究の発展にできるだけ合わせて発展していけるよう設計されている。ところが、一九九二年以降の二五年という時間の間に、第一次世界大戦研究は根本的な変容を遂げた。さらに、一九一四―一八年の戦争から時間的距離が遠ざかる一方、見聞きする内容や、技術特にデジタル技術などの面でも新たなものを求める新しい大衆が出現した。しかし、一九九二年に博物館が開館して以来、それを発展させていくことは実に困難な作業であった。あらゆる機関と同様、ペロンヌ大戦歴史博物館も開館後は、展示手法の面で「保守的」と見做されることがしばしばあったのである。

第一次世界大戦一〇〇周年を迎えて状況は変化し、博物館は独自の博物館展示法の再検討に踏み切った⒀。しかし、皮肉なことに、今日の歴史研究は二〇年前と比較して確かさを増し、博物館の研究センターを拠点に発信が進められているが、だからこそ以前と比較して選択肢を決めることが難しくなった面がある。政治的にも、また特に財政的にも以前とは状況が変化した(フランスの地方自治体からの財政拠出については、一九九〇年代初めとは比較すべくもないほど厳しい)。

当博物館に関わる歴史家は、第一次世界大戦の開戦前および戦後を中心に、博物館の展示内容を新しくしたいと考えた。当初の展示では、戦争の「原因」に関する従来型の説明が第一展示室来訪者の関心を少なからず引き付けていたが、現在では植民地主義の暴力、日露戦争、バルカン戦争など一九一四年以前の「暴力の経験」を中心とした新たな展示の作成を歴史家らが進めている。時間軸のもう一方の端に視点を移すと、「戦争からの脱却」

と歴史家が称し関心を持つものは単なる戦争の「終結」ではない。大戦博物館の展示を通じて四年間の戦争により欧州社会全体が持続的に「残忍化」[14]したことを強調し、二〇世紀全体の悲劇的側面を一層浮き上がらせようとしている。

そこで、我々は博物館の見学順序を逆にした。これまで考えられていなかった建物自体の可能性が活用されたのである。すなわち、最後の展示室が第一展示室になった。配置を変えたメリットは、わずか数日、場合によっては数時間で平和が終わり戦争に突入した一九一四年夏を生きた人々が体験したように、来訪者を戦争の世界へといざなうことが可能という点にある。[15]湾曲した壁を伝って終戦と中欧の帝国の崩壊、そしてその理由の説明を目の当たりにすることができた以前の第三展示室は、戦争そのものの世界が展示の中心を占めるようになった。一方、非常に狭く、以前の見学順序では最後の展示室となっていた部屋は、大きな空間に改装された。しかし、窓ガラスで覆われた大きな正面を持つこの空間は、その先が全く見えないレンガの壁に覆われた。戦争からの脱却の完全なる失敗、そしてこの失敗が秘めていた将来に対する脅威を見事に象徴している。さらに、並行して博物館に付属展示室が加わったことも付言しておきたい。戦争期間にとどまらない時間軸の中に博物館を位置づけ、ソンム県という空間の中に博物館をよりよく位置づけ、そしてこの時間・空間の中におけるペロンヌの街の位置づけを一層明確にすることを目的としている。

こうすることで、一つの方向に傾きすぎるリスクを持ちつつも、歴史研究、博物館の設計思想、大衆の期待を踏まえて自由自在に手を加えることが可能というペロンヌ大戦歴史博物館の柔軟性が、二五年前と同じように再現されることが期待される。

(1) 本稿は、二〇一四年一〇月二日、剣持久木教授からの招待により静岡県立大学で行った講演の概要である。招待いただいたことに対し、剣持先生には心からの感謝を表明したい。

(2) グループに属していた研究者として、当時パリ第一〇大学(ナンテール大学)教授のジャン=ジャック・ベッケール氏、デュッセルドルフ大学でヴォルフガンク・モムセン氏の下で教職についていたゲルト・クルマイヒ氏、ケンブリッジ大学のジェイ・ウィンター氏が挙げられる。当時地方の大学で講師に就任したばかりの最若手研究者にアネット・ベッケール氏と筆者がいた。

(3) 当初の博物館の状態については、カタログを読むことで理解可能である。*Les collections de l'Historial de la Grande Guerre*, Paris, Somogy, Historial de la Grande Guerre et ADAGP, 2008.

(4) 連合軍の攻勢により始まったソンムの戦いは、イギリス軍が主要戦力となっており、陸上戦開始日(七月一日)に間違いなく前例のない規模の大規模な損失(死者二万人、負傷者四万人)を被った。ドイツ軍の前線を突破することができなかった四カ月半に及ぶ戦闘中、全体の総損失(死者、負傷者、行方不明者、捕虜)は一二〇万人に達した。

(5) 戦後、イギリス帝国戦争墓地委員会は前線に設けられた仮の墓地を最終的な墓地にすることを決定し、より広く散在していた墓地を集約することはしなかった。大墓地建立を選択した他国とは対照的である。

(6) 博物館の展示法決定には、当時アドリーヌ・リスパルが率いていた指針決定局が関わった。

(7) 本章注3参照。

(8) 旧ユーゴスラヴィアでの戦争の展開やチェコスロヴァキアの分離は、一九一九―一九二〇年の「パリ郊外で締結された(ヴェルサイユ)条約」に基づく版図がこの時代になってもいかに対立を孕んだものであるかを示した。また、この二〇年間における「第一次大戦への回帰」とも呼ぶべき世論(フランスが中心であるがフランスに限らない)の傾向は、一九一四―一九一八年の戦争が決して過去のものとはなっていないことを物語っている。

(9) Annette Becker, *Oubliés de la Grande Guerre. Humanitaire et culture de guerre 1914-1918. Populations occupées, déportés civils, prisonniers de guerre*(大戦から忘れられたもの――一九一四―一九一八年の戦争の人道的・文化的側面、占領下の人々、抑留された民間人、戦争捕虜), Paris, Noêsis, 1998. Stéphane Audoin-Rouzeau, *L'enfant de l'ennemi, 1914-1918. Viol, avortement, infanticide pendant la Grande Guerre*(敵の子ども――一九一四―一九一八年、大戦中における強姦、中絶、嬰児殺し), Paris, Flammarion, 2009[1995]. John Horne et Alan Kramer, *1914.*

Les atrocités allemandes（ドイツの残虐行為）, Paris, Tallandier, 2005［2001］といった著作を参照。

（10）　Annette Becker, *La guerre et la foi. De la mort à la mémoire*（戦争と信仰──死から記憶へ）, 1914-1930, Paris, A. Colin, 1994.

（11）　この主題については、Stéphane Audoin-Rouzeau et Annette Becker, *14-18, retrouver la Guerre*（一四─一八年戦争の再発見）, Paris, Gallimard, 2000 の第三章「喪」および Stéphane Audoin-Rouzeau, *Cinq deuils de guerre, 1914-1918*（一九一四─一九一八年　戦争の五つの喪）, Paris, Tallandier, 2013［2001］を参照。

（12）　この点については、筆者の自著 *Les armes et la chair. Trois objets de mort en 14-18*（兵器と肉体──一四─一八年における三つの死の事物）, Paris, A. Colin, 2009 に依拠する。

（13）　*Les collections de l'Historial de la Grande Guerre*（大戦歴史博物館コレクション）, op. cit. を参照。

（14）　ここでは George L. Mosse, *La Brutalisation des sociétés européennes, De la Grande Guerre au totalitarisme*（欧州社会の残虐化──大戦から全体主義へ）, Paris, Hachette Littératures, 2000［1990］に示された著名な仮説を取り上げる。

（15）　本稿の執筆段階では、新しい第一展示室のみが最終的に完成している。その他の展示室は仮の状態であり、博物館全体の再編が終わるのは二〇一八年、第一次世界大戦一〇〇周年の最後の年を予定している。

第6章　ヨーロッパ国境地域における戦争の記憶と博物館
――アルザス・モーゼル記念館を例に

西山暁義

はじめに　歴史博物館と歴史学

二〇一四年、ドイツの四八〇〇あまりの大小の博物館を見学した者の合計は一億一二〇〇万人を数えた。やや古くなるが、二〇一一年、フランスのそれはほぼ六〇〇〇万人であった。むろん、博物館にも様々な種類があるが、狭義の歴史博物館に限定しても、二〇一四年のドイツの数字は二一五〇万人、二〇一一年のフランスでは一一四〇万人とドイツの半分ではあるが、そこにパンテオンやクリュニー修道院のように博物館的性格をもった施設を含めると（九一〇万人）、ドイツにほぼ匹敵する。[1] この数をたとえば両国の代表的な国民スポーツであるサッカーのプロリーグのそれと比較してみると、ドイツのブンデスリーガの観客動員数は二部までを含めて一九〇〇万人、フランスのリーグ・1《アン》、リーグ・2《ドゥ》のそれは一一〇〇万人となり、両国とも歴史博物館の見学者だけで、スタジアムの入場者の数を凌駕することになる。[2] 数だけの問題ではない、といえばその通りであるが、それでも歴史博物館の重要性を傍証するものであるとはいえるであろう。

　実際、ドイツでは博物館の入場者数は一九九六年から二〇一四年にかけて二〇〇〇万人近く増加する一方で、入場料も二ユーロ（マルクからの換算値）から四・四ユーロに上昇しており、余暇を過ごす場としての博物館の魅力は増加している。[3] そうしたなかで、歴史博物館についても、その見学が学校による集団的な研修としてであれ、あるいは個人や家族の余暇としてであれ、多くの者にとって「歴史に触れる場」となっていることを過小評価すべきではなかろう。

このことは、本書の鍵となる概念である「公共史」にとって、博物館の重要性を裏書きするものである。実際、歴史学から歴史博物館に寄せる関心も近年高まりを見せている。その背景には、いくつか要因が考えられる。一つには、歴史博物館の新設や展示の刷新、特別展の開催などにともない、学術諮問やカタログ執筆など、歴史家と博物館の間の協働の余地が拡大していることが挙げられる。そしてこうした協働は、歴史学の側においてたんなる「副業」的な扱いとは見なされなくなってきている。第二に、その重要性はたんに量的、実践的な側面だけではなく、博物館がまさに集合的記憶のいわば「ショーケース」である、という点にもある。すなわち、ある社会においてどのような過去がいかにして次世代へと伝えられていくのか、という点において、歴史博物館はその展示物とその説明、そしてそれらが置かれる空間を通して、凝縮された「語り」を提示する場である。そして第三に、それをめぐる議論や論争は、異なる、対立する記憶の存在を可視化するものでもある。このような意味でも、これまでの関心の焦点であった歴史教科書などとならんで、[4] 歴史博物館は公共史の一環として取り上げる価値を有している。[5]

1　独仏国境地域の現代史博物館——アルザス・モーゼル記念館

ところで二一世紀に入り、二つの世界大戦を中心とする二〇世紀前半の「悲劇」は、当事者世代の消滅（第一次世界大戦）や退場（第二次世界大戦、ホロコースト）によって、「コミュニケーション的記憶」からメディアによる

「文化的記憶」（A・アスマン）へと移行している。博物館の展示も、インターネットや映像・画像資料を多用することなどによってこうした移行に対応する模索が行われている。そしてそこでは、当時を生きた地域出身の個人の体験が重視されるようになっている。

一方、冷戦の終わりとともにヨーロッパ統合が加速するのと並行して、現代史における戦争の記憶も一定の「ヨーロッパ化」が進んできた。これまで一国の枠内、あるいは戦勝国と敗戦国に分かれて行われてきた記念式典に、かつての敵国の首脳が参列することはもはや珍しい光景ではない。もちろん、それは冷戦後になって生じた現象であるわけではない。二〇〇九年一一月一一日の第一次世界大戦休戦記念日、フランス大統領ニコラ・サルコジとドイツ首相アンゲラ・メルケルがともに凱旋門前での式典に参列する半世紀前には、ドゴールとアデナウアーのランス大聖堂でのミサ参列（一九六二年）があり、その一世代後にはミッテランとコールによるヴェルダン・ドゥオーモン納骨堂での手をつないだ慰霊（一九八四年）があった。二〇一四年八月三日、大戦における独仏開戦一〇〇周年記念日における両国大統領ガウクとオランドのアルトマンスヴィレールコプ（ヴォージュ山麓の激戦地、フランスの国立戦没者墓地がある）での抱擁も、そうした和解のジェスチャーの延長線上にある。(6) 一九九〇年代以降の変化はその傾向が加速し、制度化（ルーチン化）とみなすことができる。博物館レベルにおいても、本書でステファン・オードワン＝ルゾー氏が述べているように、一九八〇年代に始まる研究成果をふまえ、ヨーロッパ史として大戦を描き、大戦研究の国際化を推進したペロンヌの博物館が開館したのは一九九二年のことであった。

ただし、ヨーロッパにおける二〇一四年以降の開戦一〇〇周年をめぐる博物館の展示やイベントは、難民危機やイギリスのEU離脱など、まさにヨーロッパ統合が試練にさらされるなかで開催されることになった。EUを二つの世界大戦からの教訓と見なす解釈からすれば、この皮肉な、憂慮すべき現実は、同時に結束を固め直すた

アルザス・モーゼル記念館

めの「過去の教訓」の必要性を一層高めるものでもあった。しかし、そうした統合的な言説とは裏腹に、各国における第一次世界大戦の記憶には依然として温度差や相違がみられ、一世紀を経てもなお、大戦の「ヨーロッパの記憶」を単数形で語ることはできない(7)。

このように、「ヨーロッパ化」と「国民史」的枠組みの存続、そして（地域に関わる）個人への関心という異なるベクトルによって織りなされた現代史の記憶の状況は、大枠において第二次世界大戦についても当てはまるであろう。ただし一世代の移行期のズレや、同じく二〇世紀末に定着することになる普遍的な「絶対悪」としてのホロコーストなど、異なる要因も考慮に入れる必要がある。

以上をふまえたうえで本章において取り上げるのは、ドイツとフランスの国境地域アルザス・ロレーヌ地方に二〇〇五年に開設された、第二次世界大戦期に重点を置く歴史博物館、「アルザス・モーゼル記念館」である。上に述べた「ヨーロッパ」志向と国民国家と地域性の三つのベクトルが具体的にどのように相互に関係しているのかを考えるとき、国境地域は興味深い事例を提供する。とりわけアルザス・ロレーヌは、ドイツとフランスというヨーロッパ統合の中核的な国家の狭間にあり、かつての両国の争奪対象から現在ではヨーロッパ議会などに象徴される国境を越えた統合の象徴的な地域であると見なされることもあり、一種の「テストケース」的な意味を持ちうると考えられる。さらにこの地方には、「アルザス・モーゼル記念館」に引き続き、二〇一四年に普仏（独仏）戦争を対象とする「グラーヴロット博物館」が、そして二〇一七年八月には前述のアルトマンスヴィレールルコプに独仏大戦記念館が開館している。むろん、普仏戦争から第二次世界大戦に至るまで、つねに独仏両国の軍事衝突の現場となり、そのたびに帰属国家を替えてきたアルザス・ロレーヌには、以前から大小様々な博物館や戦跡、要塞資料館などがあり、その多くは自治体や民間団体によって運営されてきたものである。(8) こうした施設も国境地域全体の「記憶の景観」として無視すべきではない。しかしここでは、二一世紀に入り新たな現代史博物館として、それぞれの戦争に重点を置くものが相次いで誕生したことに注目したい。そしてこれらを比較することで、記憶としての第二次世界大戦の特徴をより明確に浮き彫りにすることができるであろう。

2　アルザス・ロレーヌと第二次世界大戦

第3節以降で、具体的に博物館の設立経緯、展示内容と方法、政治的、社会的受容についてみていく前に、記念館が対象とする第二次世界大戦期のアルザス・ロレーヌの状況について簡単に確認しておきたい。

一八七一年から一九四五年の七四年の間、アルザス・ロレーヌは四度にわたり、その帰属を変えている。(9) その最初である一八七一年、普仏戦争後のフランスからドイツへの割譲は、それまで一体性を持たなかったアルザスと北東ロレーヌに、「アルザス・ロレーヌ」という地域名称を与えることになった。(10) その後、一九一八年の第一次世界大戦におけるドイツの敗戦によってフランスに復帰した後、一九三九年九月の第二次世界大戦の勃発に際しては、アルザスの中心都市ストラスブールを含む国境線近くに居住する住民約六〇万人が、南西フランスへと疎開することになった。そしてしばらく睨み合いの「奇妙な戦争」が続いた後、翌一九四〇年夏の「電撃戦」でフランスが敗北すると、アルザス・ロレーヌは他のフランスの地域とは異なり、ルクセンブルクなどとともにナチ・ドイツに「事実上」併合されることになる。この点、すなわち住民投票という手続きを踏まなかったという点において、戦前のオーストリア併合とは異なるものであった。ただし、休戦協定後の疎開者に対する帰郷の働きかけには、反ナチなどの立場から自ら残留する者や、ユダヤ人、共産主義者、ドイツ語を解さない者たちなど、ナチの「望まない分子」を除き、多くの者が応じた。

ナチ支配下のアルザス・ロレーヌは、戦間期のアルザス自治運動が望んだように一体として扱われたのではなく、それぞれ別の大管区（ガウ）に統合され、地名表記から日常会話におけるフランス語の排除、ヒトラー・ユーゲントなどナチ組織への強制加盟にいたる、厳しい「ゲルマン化」政策にさらされた。また、ヴォージュ山脈北麓には（ナッツヴァイラー・）ストルートホフ強制収容所が建設され、ヨーロッパ各地からユダヤ人らが送り込まれた。他方、併合にともなう成年男子住民の徴兵は、当初忠誠心に対する疑念から避けられていたが、対ソ戦の戦況が不利になるなか、一九四二年夏に開始され、一部は武装親衛隊へと配属された。結局終戦までにアルザス・ロレーヌから召集された兵士は一三万人（アルザス一〇万人、ロレーヌ三万人）に上り、うち三万人以上が戦死、行方不明者を含めれば、三分の一が生きて故郷の土を踏むことはなかった。生きて帰った者のなかには、捕虜収容所で長期間の抑留を受けることになった者も少なくなく、最後の兵士の帰還は終戦後一〇年経った、一九五五年のことであった。[11]

この戦後一〇年間は、当初の対独協力者に対する「粛清（エピュラシオン）」もあいまって[12]、アルザス・ロレーヌの社会では、戦間期よりもフランスへの自己同化が進んだ時期でもあった。しかしそうしたなか、ドイツ領として併合されたアルザス・ロレーヌ、とりわけ前者の過去が問題とされることになった[13]。一九五三年のボルドー裁判である。この裁判は、一九四四年六月一〇日、リムーザン地方の小村オラドゥールにおいて武装親衛隊ライヒ師団によって行われた六四二名の住民虐殺を審理するものであった。この虐殺の現場には、一九四五年三月にドゴールが訪れ、オラドゥールの悲劇はフランス国民全体の悲劇であると宣言し、フランス政府は廃墟となった村をそのまま「遺産」として保存することを決定していた。

このボルドー裁判の法廷に引き出された二一名の被告のうち、一四名がアルザス出身の元兵士たちであった。ライヒ師団長をはじめとして、ドイツ人関係者の多くが、戦死や潜伏、あるいは西ドイツに留まることを認められるなか、実行犯として起訴された者の多くが、戦時中二〇歳以下で親衛隊に召集され（うち一名は志願兵）、戦後ふたたびフランス人として生きてきたアルザス人たちであったのである。この裁判に先立ってフランスでは戦争犯罪に対する集団責任を遡及的に適用する刑法の改正が行われ、挙証責任は原告ではなく、被告の側に課せられるようになったことは、当然のことながら、アルザス出身の被告たちに不利に働くことになった⑭。

ここにおいてアルザスにおける地域世論の多数派にとって、裁かれているのは被告だけではなく、占領地ではなく併合地として戦時中を生きることを余儀なくされた自分たち、そして地域そのものであるとみなされることになった。被告たちの弁護人は、「この若者たちはわれわれの悲劇の生ける化身である。〔中略〕六四二人のリムーザンの虐殺された人々の阿鼻叫喚の背後には、何千ものアルザスの被害者たちの叫び声が反響しており、永遠に反響し続けるであろう」と、虐殺されたオラドゥールの住民だけではなく、ドイツ兵として戦ったアルザス人もまた、犠牲者であると強調している⑮。

しかしボルドー裁判で強制召集兵に対し五―八年の禁固、懲役刑の有罪判決（志願兵は死刑）が下されると、アルザスの世論は沸騰し、各地の中央広場や教会などで抗議の集会やデモなどが開催された。こうした強い抗議の声と、アルザス選出の議員たちの働きかけによって、フランス下院は判決の四日後に恩赦の決議を行い、実際に強制召集兵の被告たちは刑期を務めることなく釈放され、死刑判決の元志願兵も大幅に減刑された。このような措置に対して、今度はオラドゥール、リムーザン地方の側が反発し、犠牲者追悼式典への政府代表の参加を拒否することになった。廃墟の旧オラドゥール村の入口には、「忘れてはならない」というプラカードとともに、恩赦法に賛成した議員たちと、恩赦によって釈放された被告たちの名前が刻まれた二枚の銘板が設置された。後者には、「これらの犯罪者は自由の身である」という警告が添えられていた。[16]

こうして、アルザス・ロレーヌ、とりわけアルザスにおいては、「ナチの手先」として戦時期の過去が誤解されているという苛立ちを抱えつつも、ナチ・ドイツの一部となったことに対するうしろめたさもあり、沈黙が支配するようになっていった。そして、アルザスでは戦後の独仏和解の「架け橋」、ヨーロッパ統合の象徴的役割が自任される一方で、自らのドイツ時代の過去を想起させることに対する警戒心も強かった。たとえば、一九六三年、独仏友好協力条約（エリゼ条約）が調印された年に創設された、両国の相互理解に資する学術研究を表彰する「ストラスブール賞」は、ドイツ側の主体であるアルフレート・テプファー財団の創設者であるテプファーが、戦間期にアルザスのフランスからの分離運動に関与していたことや、ナチ体制への関与が取りざたされたため、ストラスブール市が財団との協力を拒否し、一九九六年をもって同賞は廃止された。[17]また、皮肉なことに独仏和解が進むとともに、かつての両国のナショナリズムにおいて格好の題材であった「アルザス・ロレーヌ問題」の記述は、歴史教科書においてむしろ減少していった。[18]

3　記念館設立への過程

記念館設立への具体的な動きがみられるのは、まさに「ストラスブール賞」が廃止された時期のことである。そのなかの一つとして、一九九六年一〇月、フランス兵士・戦没者協会連合（ＵＦＡＣ）のバ・ラン県（アルザス北部）支部の動議は、以下のように訴えている。

> 折に触れ、我々は、第二次世界大戦から五〇年間を経た今日、強制召集兵たちの悲劇と我らの地域の歴史が依然としてきわめて誤解されていることを目の当たりにする。この状況を打開し、歴史の真実のよりよい認識に貢献するために、我々は、第二次世界大戦におけるアルザス・モーゼル地方の状況がフランスの学校カリキュラムのなかで特別な位置を占め、国はナチズムの犠牲となったアルザス・モーゼルの人々すべての記憶を保持する回想の記念施設の建設のため、アルザスの地方自治体に援助することを要求する。[19]

ここには、前節で述べた国境地域の歴史の誤解に対する不満が改めて述べられているとともに、教科書と記念施設という常設の場によって、そうした誤解に対抗しようとする意思が示されている。

実際、一九八四年「解放四〇周年」における特別展示や、一九八六年の地域語による証言映像『忘却の前に』の放映など、当事者の高齢化が進んだ一九八〇年代半ばから、すでに戦時期の記憶はふたたび活性化されつつあった[20]。さらに先に述べた一九九六年の動議の直前には、独仏合作の大河ドラマ「アルザス人たち、あるいは二人のマチルド」(二週四話)が、一八七〇年から一九五〇年代の激動のアルザス史を地域の視点から描いていた。だがここで重要なのは、動議が特別展やテレビ番組などの一過的なものではなく、さらに一歩踏み込んで、歴史教科書や記念館といった記憶を持続的に伝える拠点の確保が要求された点である。

翌一九九七年の終戦記念日、地元の歴史家J-L・ヴォノーは、アルザス最大の日刊紙『デルニエール・ヌーヴェル・ダルザス』の論説において、第二次大戦期の博物館の設立を提起した。そこで彼は、これまで沈黙してきた「アルザスとモーゼルの人々は早急に記憶の場を必要としており」、それを通して不当な「裏切者の集合的責任」の誤解を解かなければならない、と主張している[21]。こうした地域世論の高まりを受け、一九九八年にバ・

ラン県の県議会議長となったP・リシェール（保守系UMP、のちアルザス地域圏議会議長、現グラン・テスト地域圏議会議長）は、記念館建設に本腰を入れ、設置された学術委員会が展示内容の検討、準備を進めることになった。

このように、記念館建設が地域社会、そして政治を動かしていく背景には、いくつかの要因があった。前述した当事者世代の高齢化と、証言欲求の高まりもその一つであるが、これはアルザス・ロレーヌだけに限られたものではない。地域的な文脈において重要なこととして、以下の五つが挙げられる。

第一に、一九八〇年代以降の、フランスにおける「レジスタンス神話」の後退が挙げられる。ヴィシー時代のフランスにおける対独協力に関心が集まるなか、一九九五年に大統領ジャック・シラクは、ユダヤ人移送をめぐるフランス国家の責任を認める演説を行った。それは、これまでヴィシー政権に法的正統性を認めず、その責任を埒外に置いてきた従来の歴史政策からの転換であるとともに、記憶の焦点が抵抗の英雄から犠牲者へと移ることも意味していた[22]。ナチによる不法な併合を阻止できなかったヴィシー政権の犠牲者＝「棄民」としてアルザス・ロレーヌを強調する地域の歴史認識にとって、この変化は歓迎すべきものであった。

第二に、冷戦の終結後、強制召集兵の犠牲者的性格を象徴する、ソ連の捕虜収容所で「ドイツ兵」として病没した六〇〇〇人に上るアルザス・ロレーヌの兵士たちへの墓参が可能になった。一九九五年には、二人の元強制召集兵のイニシアチブによって、収容所のあったタンボフへの訪問、慰霊を目的とする「タンボフ協会」が設立された[23]。そして記念館の設立が決定される一九九八年には、アルザス二県とモーゼル県の三人の県議会議長が揃って、ロシア、およびドイツ戦没者埋葬管理援護事業国民連盟（VDK）の協力の下に整備された墓地に参拝している。この事業に国家の側から関与した、ロレーヌ出身の退役軍人庁長官であったJ－P・マスレ（社会党）は、そこで「強制召集兵をフランス史へ再統合」する必要性を指摘した[24]。すなわち、遠隔地での慰霊からフランスにおける戦時期アルザス・ロレーヌの歴史の認知を目指すという還流的な方向性が示されたのである。

とはいえ、第三に、前節でも述べたように、とりわけアルザスの戦時期の記憶の「再統合」には、オラドゥール事件という「棘」があった。このいわば地域間の「記憶の内戦(冷戦)」状況を等閑視したままで認知を求めることは困難であった。実際、オラドゥールにおいても、廃墟の街並みに隣接して記憶センターが一九九九年に落成しており、次世代への記憶の継承においてアルザス・ロレーヌにむしろ先行していた。こうしたなかで、前述の「タンボフ協会」が中心となって、一九九七年以降、青少年交流を含めた相互訪問、ホームステイが行われることになった。[25] このように「草の根」レベルでの交流のなかで、オラドゥール(リムーザン地方)とアルザスの間の和解が進んだことは注目されるべきであろう。そして翌一九九八年六月一〇日のオラドゥールでの追悼式典には、ストラスブール市長R・リースがアルザスからの来賓として初めて参列した。むろん、それによってわだかまりがすぐに水に流されたわけではない。しかし交流が定期的に続けられていったことは、記念館が目的とするアルザス・ロレーヌの歴史の認知にとって有利な環境を醸成することになったのは確かである。

第四に、冷戦終結後のユーゴをはじめとする東欧での民族紛争の激化は、ヨーロッパ統合の進展の中核にあるアルザス・ロレーヌの、民族あるいは国民国家の対立の克服の成功例として普遍的な価値を際立たせることになった。『デルニエール・ヌーヴェル・ダルザス』の編集長を務め、記念館友の会の初代会長となるJ－L・アングリシュは、一九九九年、「コソボからの難民の姿を目にして、アルザスとロレーヌのかつての被追放民、避難民、脱出者たち、そして事実上の併合に対して抵抗する愛国者たちは、六〇年前に自らの生活の地から逃れた別の住民の悲劇を思い起こすであろう」と、現実のコソボ紛争に大戦期のアルザス・ロレーヌの状況を重ね合わせている。[26]

最後に、地域政治の側の意向についても言及しておきたい。リースやリシュエールをはじめとして、アルザスの政治家たちのなかには親世代に強制召集兵の過去を持つ者が少なくなかった。このような家族的経歴が記念館設立の背景にあったことは疑いないが、リシュールは別の政治的効果も期待していた。「競争の世界において、地域、あるいはその責任者が断固とした態度を取らず、自らの意志を通さなければ、その長所を引き出す機会はほとんどないであろう」という彼の主張の背後には、停滞するフランスの地方分権化をアルザスが主導的に推進するためには、大戦時の過去の「後ろめたさ」に由来する「過度の自制心」を克服しなければならない、という考えがあった[27]。この意味で、過去の記憶はまさに政治的な意味をもつものでもあった[28]。

4　多様な記憶と展示される過去をめぐって

以上のような内外の環境の変化、政治的意思や社会活動のなかから、記念館設立は推進され、二〇〇五年六月に落成をみることになる。ただし、設立そのものについて異論はほとんどなかったが、それは展示されるべき過去の記憶についてコンセンサスが存在していたことを意味するわけではない。これまで述べてきたことからは、アルザスの歴史認識が国境地域の犠牲者意識として一枚岩であったかの印象を与えるかもしれないが、実際には、地域世論のなかにも相違や対立が存在していた。

記念館設立の原動力となったのが、強制召集兵の（遺族）団体でありその記憶であったことは、これまで見てきたとおりである。しかし、彼らのなかにも脱走した者もいれば、しなかった者もいた。またレジスタンスに参加した者、そしてユダヤ人やシンティ・ロマ、共産主義者など、人種的、政治的に迫害された者たちもいた。一方、積極的にナチに加担する者はわずかであったが[29]、同調者や傍観者など、多様な動機と行動形態をとる対独協力が存在していた。強制召集に応じた兵士たちを含め、当時のアルザス・ロレーヌの人々の多くは、積極的な加担と積極的な抵抗という両極の狭間のなかで生きていたともいえ、彼らをヴィシー・フランスの「棄民」とナチ・ドイツの圧政の犠牲者として描くことは、たしかに多数派の支持を得やすいものであった。しかし、まさにそれゆえに多様性を抹消するものとして、懸念の声も上がった。たとえば、ユダヤ教会からは、バ・ラン県の大ラビが、「親衛隊の制服を着たものも含め、すべての強制召集兵が、フランスのために亡くなったなどと果たして言えるのだろうか。そのようなことを誰も強制収容所で亡くなったユダヤ人の子どもたち——彼らもまた不本意Malgré-nousであった——について要求していないのに」と述べている[30]。

このような懸念や批判を、より先鋭化させて展開したのが、アルザス・ユダヤ文化の専門家であり、記憶と忘却についても多くの著作があるストラスブール大学教授(当時)F・ラファエルである。彼は、一九九九年末の全国紙『リベラシオン』のインタビューにおいて、加害的側面から目を背けるアルザスにおける多数派の歴史認識は、オーストリアと類似していると指摘し、「アルザスでナチ体制が機能することを可能にした甘い見通しの日和見主義や、きわめて活発であった対独協力、密告者たちの態度の歴史が書かれなければならない」と述べている[31]。

ラファエルの発言は、アルザスにおける極右国民戦線への支持の高さを視野に入れた現在的な議論でもあり、また自らの犠牲者としての性格を強調することによって、ユダヤ人など他の犠牲者の記憶を抑圧しうる危険性への警鐘であった[32]。このような批判的、あるいは自省的立場は、犠牲者として強制召集兵を慰霊し、ナショナリズムの犠牲者として国境地域の歴史を強調する多数派とは強い緊張関係に立つのは明らかである。実際、こうした内省の要求がラファエルのように地域内部ではなく、外部から向けられると、反発も一層強くなった。たとえば日本でも知られる歴史家マルク・フェローが、記念館開館の二〇〇五年、アルザスを特権的な犠牲者と見なすのではなく、ナチ・ドイツの支配を受け入れた人々の存在にも注意を向けるべきである、と指摘したことは、その後「パリの歴史家」の無理解の好例として、しばしば批判の対象となった[33]。

記念館の展示内容を策定する学術委員会の構成にも、こうしたある種の「内向性」が反映されている。リシュールの招請によってラファエルがメンバーに加わったことは、内部からの批判に対して配慮する必要性を、政治の側が認めてのことであった。一方で、ノルマンディー地方のカーンにある平和記念館、オラドゥール記憶センターなど、一九八〇年代以降に設立された現代史博物館では、地域の歴史家に限定せず、「全国的」な歴史家もメンバーに加わっている。カーンの場合、さらにドイツの歴史家も加わっており、グラーヴロット博物館では、イギリスの歴史家も名を連ねている。[34] それに対し、アルザス・モーゼル記念館の学術委員会は、アルザス・ロレーヌの歴史家たちで占められていた。このことは、フランスの歴史研究のなかで帰属国家を頻繁に替えたこの地域の歴史がもっぱら外交史や「本国」のナショナリズムの対象として扱われ、（政教分離の不適用など独特な制度も相まって）社会史はもっぱら地域史家や郷土史家に委ねられてきた研究史の反映ともいえる。他方で、一定の研究蓄積をもつドイツ側からの参加も皆無であった。このことは、谷向こうのストルートホフ強制収容所の博物館の学術委員会に、記念館学術委員長のA・ワールら一部地域の歴史家が加わりつつも、過半数は地域外の専門家であったこととは対照的である。どのような記憶を伝え、何を展示するのか、ということについては、あくまでもアルザス・ロレーヌの歴史家自身によって定められるべきものとされたのである。

5　展示方法——再現的手法の多用

アルザス・モーゼル記念館は、ヴォージュ山脈の北麓、シルメックという小さな町にある。この地には、ナチ支配下の時代、ナチ化の「再教育」のための治安収容所があった。グラーヴロットやアルトマンスヴィレールコプと比較すると、交通の便が決して良くないという点で共通している。しかし、両者は主要な戦場であり、とくに後者には国立戦没者墓地もあるのに対し、シルメックの場合は必ずしもこの地であることの必然性があったわけではない。実際、立地の選考にあたっては、ストラスブールを始め全部で四つの候補地があった。シルメックが選ばれたのは、記念館設立の中心がアルザス、バ・ラン県にあった（と同時に、ロレーヌにも近かった）こと、そして伝統産業が衰退するこの地域の歴史観光による経済振興という側面もあり[35]、最終的に多くの集客が見込めるストラスブールが辞退することで決定された。

グラーヴロットとアルトマンスヴィレールコプとのもう一つの相違は、両者が木造建築を基調とし、（特に後者は）周囲の景観に溶け込む外観であるのに対し、シルメックの場合、山の中腹に立ち、谷へせり出す形で立つ、コンクリートとガラスの現代建築であるという点である。そして、この歴史博物館が「記念館」という名称を有することもまた、意味のあることである。

グラーヴロット博物館

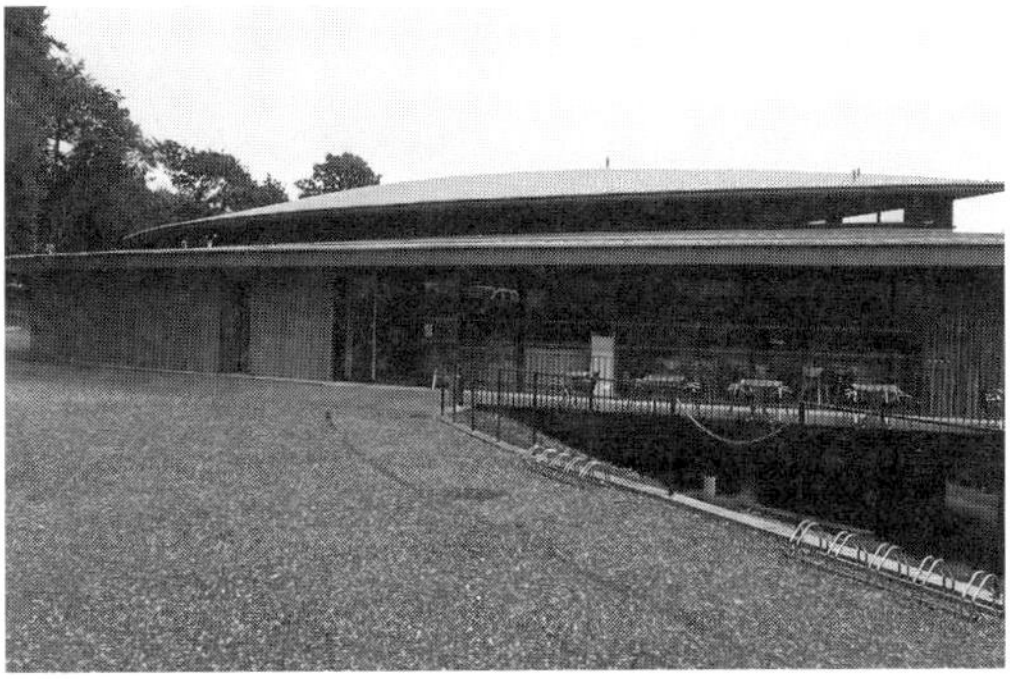

アルトマンスヴィレールコプ独仏大戦記念館

　記念館建設の動きが表面化して以来、この施設は多くの場合「記念館（Mémorial）」と表現されることが多かったが、その一方で、「歴史記念館（Historial）」という表記もしばらくの間使用されていた。この二つの語は必ずしも互換可能であったわけではない。なぜなら、前者は再現手法を活用し、展示による啓蒙に重点を置くカーンの平和記念館を、後者は本書でオードワン＝ルゾー氏が紹介する、光や音などによる演出には禁欲的で、史料に語らせる手法を取り、英仏独の比較展示に加え、国際的な研究センターも併置されているソンム地方ペロンヌの大戦歴史博物館をそれぞれ指し、両者の異なるコンセプトが語の選択にも意識されていたのである。「記念館」と「歴史記念館」の両者が併用されていたことは、設立準備の初期において、両者の可能性が模索されていたことを示唆している。

ペロンヌ的なコンセプトを推したのは、上述の記憶の批判的継承を主張するラファエルであった。国際研究センターによって、彼は地域の歴史が開かれることを期待したのである㊱。一方、地域政治の側でアルザス・モーゼル記念館設立を準備、推進した上院議員A・フェリーは、「ペロンヌはあまりに地味である」とし、「むしろ我々がモデルとすべきは、若年世代の見学者を惹きつけるカーンの記念館である」と述べている㊲。実際、ペロンヌに対しては「エリート主義的である」との批判もあり㊳、同じ地方の現代史博物館であっても、カーンの記念館は年間約三五万人（ペロンヌの約五倍）の見学者を誇っている。採算性の観点からも、政治の側にとってはカーンがより魅力的に映ったとしても不思議ではない。

では実際、アルザス・モーゼル記念館では、具体的にどのような展示方法が実践されているのであろうか㊴。近年新設の多くの歴史博物館と同様、ここでも入口・受付の空間と展示スペースが明確に分かれており、見学者はその境界を越える「通過儀礼」を経ることになる。多くの場合、それは光量が抑えられたスペースでの導入映像（カーンの場合はさらに螺旋階段における前史のパネル展示）であるのに対し、アルザス・モーゼル記念館も階段を下り暗い空間へと入っていく点は共通しているが、直接前史（一六四八―一九三九年）のスペースに入ることになる。とはいえ、それは天井高一二メートルの空間であり、高い側壁の上部には、さまざまな世代、性、階層のアルザス・ロレーヌの人々の肖像が数十枚掲げられている。個々の肖像には周期的に光が当てられ、またスピーカーからはフランス語、地域語、ドイツ語での彼らの囁きが流れてくる。これから語られる歴史が、三五〇年来のドイツとフランスの対立の渦中にあった国境地域とそこに生きた人々の歴史である、ということを視聴覚的に表現したものであるといえよう。

ただし、三五〇年の歴史とはいえ、重点はあくまでも一九三九年から一九四五年の六年間、あるいは戦後初期（一九五〇年代初め）を含めても約一〇年間であることは、空間構成からも明瞭である。展示スペースは全部で一〇

アルザス・モーゼル記念館　前史スペース

アルザス・モーゼル記念館　第2スペース（大戦勃発からフランス降伏）：疎開列車（上）／マジノ要塞（下）

アルザス・モーゼル記念館　第3スペース(「ゲルマン化」)

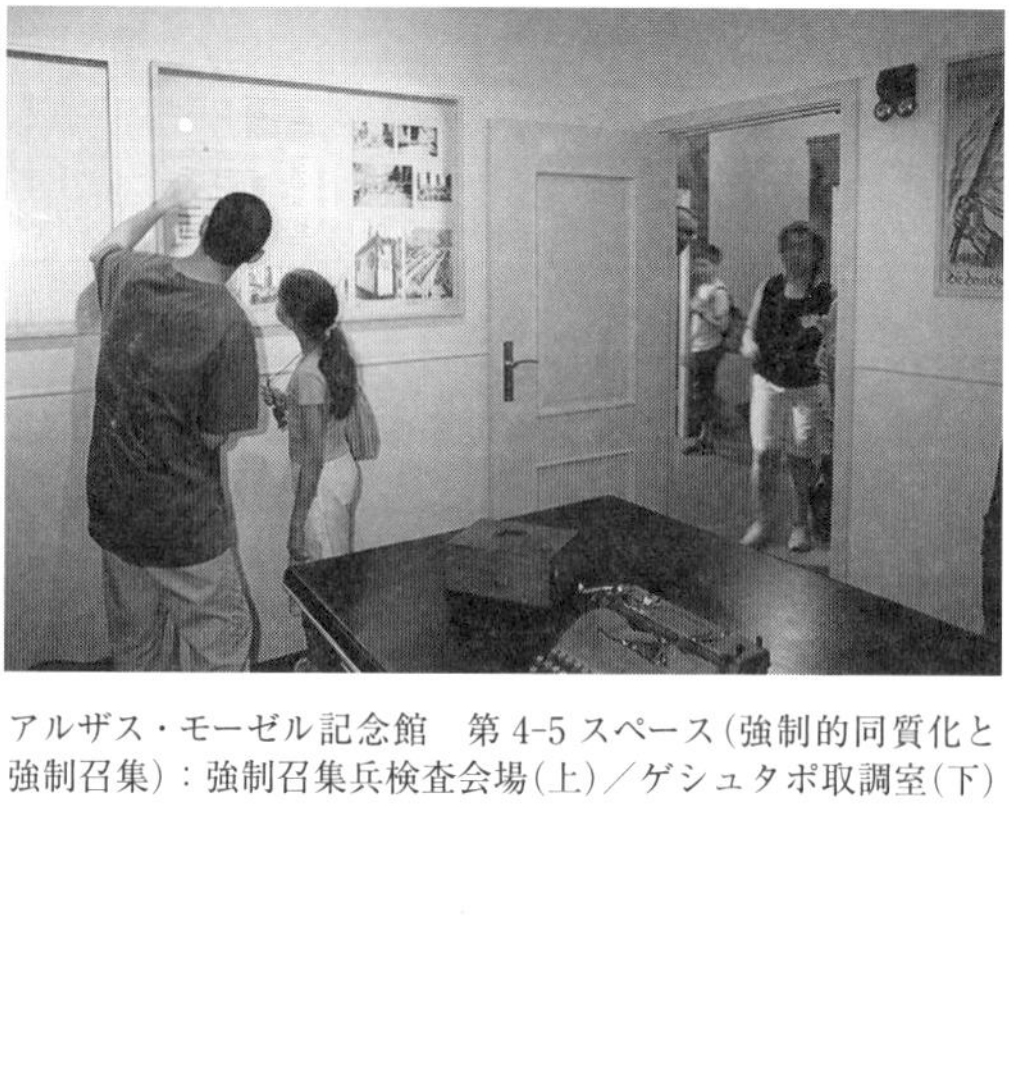

アルザス・モーゼル記念館　第4-5スペース(強制的同質化と強制召集)：強制召集兵検査会場(上)／ゲシュタポ取調室(下)

のテーマに分かれているが、そのうち八つがこの時代を対象としている。そして記念館の展示の特質である再現手法は、まさにこの八つの空間において展開されることになる。第二スペース(大戦勃発からフランス降伏)には、開戦時における大規模疎開の様子が、映像とともに手荷物の測量計が置かれた駅や客車の再現によって描かれている。そしてその後にはマジノ要塞の内部空間が再現されている。第三スペース(「ゲルマン化」)では、天井の旗がフランスの三色旗からナチの鉤十字へと変化し、側壁にはフランス語の街路名のプレートがドイツ語のそれに置き換えられていく様子が示されている。もう一方の側壁には、フランス語の使用禁止の政令やフランス文化の一掃を訴えるポスターなどが貼られ、地元住民たちが置かれた「ナチ化」政策の圧力が表現されている。この空間からすでに演説するヒトラーの声は聞こえているが、次の第四―五スペース（強制的同質化と強制召集）において大音量とともにスクリーンにその姿を現すことになる。このスペースでは、強制召集兵の検査会場、ゲシュタポの取調室、あるいは家庭内の書斎など、公私にわたるナチ支配下のアルザス・ロレーヌの日常生活が再現されている。抑圧を空間的に表現したゲシュタポの建物の廊下を越えると、高い天井の次の第六スペース（抵抗、同調、抑圧）に入る。ここで再現されているのは、シルメックにあった治安収容所であり、一方でアルザス・ロレーヌにおけるレジスタンスの組織や活動家について、他方でナチ体制に加担した側についてそれぞれ説明されている。

アルザス・モーゼル記念館　第7-8スペース（抵抗と解放にいたる過程）：ヴォージュ山中の森

そして記念館のなかである意味もっともキッチュな演出といえるのが、アルザス・ロレーヌ外における抵抗と、解放にいたる過程を描いた第七―八スペースである。ここでは、「マキ（パルティザン抵抗運動家）」たちが潜伏、往来し、またアルザス解放の通路にもなったヴォージュ山中の森が再現され、天井には爆撃機が、空中通路の下には破壊された戦車や兵器などが置かれている。飛来音や炸裂音、さらにゲッベルスの「総力戦演説」なども流れ、聴覚的にも圧迫を感じさせるスペースとなっている。通路を上がっていくと少し明るい空間となり、終戦後の第九スペースに入る。しかし、独仏和解・ヨーロッパ統合にかかわる出来事が説明を省き写真としてのみ展示され、最後にパリとベルリンから若い男女がストラスブールで出会うという、いわば賛歌的な映像で終わる第一〇スペース〔過去の意味と将来への展望〕に比べると、依然として暗いままである。そこに、粛清、ソ連での捕虜生活と復員の遅れなど、終戦後も続く苦難が示されている。そして、上述したオラドゥール事件を裁くボルドー裁判については、ギリシャ風の列柱によって表現された法廷の底を覗き込むと、その映像を見出すことができる。

このように視聴覚的演出を全面的に利用した記念館の再現手法について、フランスの研究者D・トルーシュは、カーンの平和記念館やヴェルコール・レジスタンス博物館の流れを汲みつつ、その一つの到達形態であると評している(40)。ここで注意すべきは、こうした空間の再現において、戦争博物館にありがちなガラスケースなどで仕切られたスペースにマネキンを配することによる再現ではなく、見学者自身がそこに身を置き、通り過ぎることによって、過去を追体験するように演出されているという点である。そのため、記念館には過去の遺物そのものはごくわずかであり、「生の史料」に語らせるスタイルとは対照的である(41)。

このような手法に対しては、「歴史のテーマパーク〔ディズニーランド〕化」という批判が、すでに落成前の段階から寄せられていた。実際、第七―八スペースを前面に出した記念館の広告などは、まさに「歴史〔戦争〕テーマパーク」である印象を与えるものである。こうした批判に対して、記念館側は、「重要なのは、何を見せるかということだけではなく、見学者の感情をイメージと音で喚起し、そこからメロドラマに陥ることなく、インタラクティブな場を作り出すこと」であると反論している(42)。また、演出を手掛けた責任者も、「〔歴史のなかの〕人間のあり様〔を理解させるために〕は感性に語りかけられなければならず、重要なのは雰囲気を作ることと資料の紹介をどのように両立させるかである」と述べている(43)。

冒頭でも述べたように、当事者世代が消えていく「文化的記憶」への移行において、博物館が担うべき役割も変化している。すでに歴史に強い関心を持つ者(だけ)ではなく、むしろ家庭のなかでの伝承経験を持たず、歴史に対する知識が少なく関心の薄い若者たちに対し、どのようにして興味を喚起するか、ということが、ますます重要な課題となっている。そうしたなかで、これまで歴史的理解にとってむしろ阻害的であるとされてきた、あるいは軽視されてきた見学者の「感情」の喚起は、一つの可能性として理解することができる。実際、学術委員会は当初こうした「劇場的演出」に対して消極的であったというが、完成後にはむしろ支持する歴史家たちの声も聞かれた(44)。もちろん、当事者自身も認めるように、そこでは時代背景や文脈の理解とどのように有機的に結び付けられるかが問題となる。記念館の例が示しているように、産学公の連携(そして「学」自体もまた学際的)のなかで形成される歴史博物館という「公共史」の場において、学知の権威としての歴史家は重要であるが関係者の一人に過ぎない。そこで歴史学の側に求められるのは、展示演出自体の否定ではなく、その批判的な検証であり(45)、同時に博物館がたんなる学知の啓蒙的伝達の場ではなく、「社会知」としての歴史が生産される場であるという認識である。記念館もそうした試みの一つとして理解すべきであろう。

おわりに　反響と新たな課題——「名前の壁」と「ヨーロッパ統合展示」

最後に、二〇〇五年六月一八日に開館したアルザス・モーゼル記念館がどのような反響を得たのか、そして一二年余りが経った現在、どのような課題に直面しているのかという点について述べておこう。

開館式にはアルザス・ロレーヌの地域政治やフランス政府の関係者に加え、オラドゥール町長フリュジエの姿も見られた。彼は、「素晴らしい記念館だ。私たちは〔中略〕〔記念館の展示によって〕気分を害するリムーザン人がいるとは思わない。私たちは、これからもアルザスとリムーザンの和解を追求する。〔中略〕たとえこの和解の誠実さを疑う者がいようとも」と感想を述べている。[46] この後、アルザス側にも記念館という拠点ができることによって、両地域間の交流はさらに推進されることになった。ただし、それは歴史認識の完全な共有にいたっているわけではない。二〇〇九年から二〇一三年にかけてのオラドゥール事件の語り部であるR・エブラスの回想録において、「自称強制召集兵」という表現がアルザスの武装親衛隊兵士に対して使われたことに対する一連の訴訟は、その象徴とも言える。[47] そしてエブラスが控訴審で一ユーロの象徴的な罰金刑を宣告された一週間後に、ドイツ連邦共和国功労賞が授与されたという事実は、地域世論のなかに、国境地域の頭越しに独仏の和解と交流が行われているとの印象を与えるものでもあった。[48]

開館時の大統領シラクが初めて記念館を訪問したのは、開館から約半年が経った二〇〇五年一一月、谷向こうのストルートホフ強制収容所資料館の落成に合わせてであった。訪問が短時間であり、また地域関係団体が招待されなかったことは、アルザス・ロレーヌがフランス国民史のなかで、依然として「二級の犠牲者」と見なされているのではないか、という疑念を与えることになった。[49] 一方、後継者のN・サルコジは大統領戦時から記念館訪問を公言していた。それは守られずに終わったが、二〇一〇年五月のアルザス中部のコルマールでの終戦六五周年の記念式典で行った演説において、フランスの名誉を汚したのはヴィシー政府であり、強制召集兵は「戦争犯罪の真の犠牲者」であると述べている。これは、まさに記念館設立の原動力となった、「裏切者の集団的責任」という誤解を大統領が解いたものであると見なされた。[50]

しかし、アルザス・ロレーヌ内部においても、犠牲者をめぐる議論がなお続いていることは、記念館への「名前の壁」の設置をめぐる問題が示している。これは、アルザス・ロレーヌのナチ支配そのものを「ジェノサイド」と位置付ける、急進的な強制召集兵遺族団体の提案によるものであった。[51] 犠牲者の個人名を壁に刻むことは、パリのショアー記念館など、多くの博物館においてすでに行われており、類似の施設は近年地方で設立された博物館においてもみられる。たとえば、フランス北部（パ・ド・カレー県）の旧V2ロケット発射基地跡に立つラ・クポール博物館では、戦前のドイツのロケット兵器と戦後の宇宙開発の歴史が展示されているが、そこには地域（ノール＝パ・ド・カレー地域圏）のナチ犠牲者の慰霊施設がある。またロレーヌのグラーヴロットには、タッチパネルのスクリーンによって、普仏戦争以降、ロレーヌ出身の戦没兵士のリストがドイツ人を含め検索できる。アルトマンスヴィレールコプでは、同地の戦いで戦死した仏独両軍の兵士が同様にデータ化されている。

この地域的慰霊施設としての機能がアルザス・モーゼル記念館において問題となるのは、対象となるのが第二次大戦期のナチ支配の犠牲者すべてであるということであった。ここにおいて、普仏戦争や第一次世界大戦のような「恩讐の彼方」的記憶状況とは異なる、犠牲者間の相違が改めて表面化することになった。もしアルファベット順に並べた場合、そこには武装親衛隊の強制召集兵の隣に、ユダヤ人やレジスタンス活動で斃れた者の名が並ぶ可能性も生じる。後者にとっては、それは混合されてはならない彼ら独自の記憶の抹消となる一方、前者にとってグループ別の名前の壁は犠牲者の序列の再確認となる懸念があった。結局議論は長引き、二〇一七年春の時点でなお着工に至っていない状況である(52)。

一方、もう一つの新たな試みとして、一九四五年以降の独仏和解とヨーロッパ統合の歴史の展示は、すでに工事が進められ、二〇一七年一〇月に落成した（そのため二〇一六年一一月より、記念館は約一年間閉館していた）。これは、従来の常設展示の最後のスペースにおける展示が不十分であるとの批判に応え、同時に国境地域の歴史をより独仏関係、ヨーロッパという枠組みの中に位置づけようとする意志であるといえる。また、見学者数が当初見込みの年間八万人に対し四万五〇〇〇―五万人に留まるなか、フランス国内のみならず、ドイツをはじめとした周辺国からの来訪者の掘り起しも企図したものであった。

イギリスのEU離脱という構想時には想定していなかった事態が訪れた現在、展示内容や展示方法がどのようなものとなっているのかということは、一層興味深いものであろう。長い準備期間の後、記念館再開館より五カ月早く二〇一七年五月にブリュッセルに開館した[53]「ヨーロッパ歴史館（Maison de l'histoire européenne）」との比較も行いたいところではあるが、残念ながら本論執筆まで両者とも見学できなかったため、ここで述べることはできない。ただ、いずれにしても確かなことは、アルザス・モーゼル記念館は、国民国家における認知、ヨーロッパ志向、地域意識の強化という異なるベクトルが、補い合いつつ緊張感をはらんで共存している「記憶の場」である、ということである。

（1）ドイツの博物館については、*Statistische Gesamterhebung an den Museen der Bundesrepublik Deutschland für das Jahr 2014.* (Heft 69 Materialien aus dem Institut für Museumsforschung), p. 23、フランスの博物館については、*Patrimostat 2011. Fréquentation des musées de France, des monuments nationaux & des Archives de France*, p. 9, 26, 33 をそれぞれ参照。

（2）ドイツ・ブンデスリーガについては、"Bundesliga weiter auf Rekordniveau: Durchschnittlich 42. 421 Zuschauer pro Spiel", http://www.bundesliga.de/de/dfl/bundesliga-weiter-auf-rekordniveau-durchschnittlich-42421-zuschauer-pro-spiel-dfl-pressemitteilung-agmdsp.jsp; フランス・リーグについては、（リーグ・1）http://www.mondedufoot.fr/spectateurs/fra-ligue-1-2015-2016/1/、（リーグ・2）http://www.mondedufoot.fr/spectateurs/fra-ligue-2-2015-2016/ 1/（すべてアクセスは二〇一六年一二月二六日）。

（3）*Statistische Gesamterhebung*..., op. cit., pp. 13, 89.

（4）このことを示すかのように、ドイツにおける国際教科書対話、研究の主導的な機関であるゲオルク・エッカート国際教科書研究所は二〇〇九年にその機関誌の名称を『国際教科書研究』から『教育メディア・記憶・社会』へと変更している。

（5）フランスとドイツにおける歴史学や歴史教育学からみた博物館展示の批判的考察として、以下を参照。Patrick

Louvier, Julien Mary et Frédéric Rousseau (dir.), *Pratiquer la muséohistoire. La guerre et l'histoire au musée. Pour une visite critique*, Paris 2012; Karl Heinrich Pohl, *Der kritische Museumsführer: Neun Historische Museen im Fokus*, Schwalbach a. T. 2013.

(6) Reiner Marcowitz, «Vers une mémoire franco-allemande de la Grande Guerre? Les gestes symboliques, de Mourmelon (1962) au Hartmannswillerkopf», in: ders., Laurent Jalabert et Arndt Weinrich (dir.), *La longue mémoire de la Grande Guerre. Regards croisés franco-allemands de 1918 à nos jours*, Villeneuve d'Ascq 2017, pp. 217-231.

(7) ドイツを中心に考察したものとして、西山暁義「第一次世界大戦勃発一〇〇周年とドイツ」『ドイツ研究』四九号、二〇一五年、一五六―一六三頁。さらに以下を参照。Thomas Schleper, „Einleitung: Erinnerung an Erinnerungen. Anlass und Motive einer Rückschau“, in: ders. (Hrsg.), *Erinnerung an die Zerstörung Europas. Rückblick auf den Großen Krieg in Ausstelungen und anderen Medien*, Essen 2016, pp. 8-13.

(8) Cf. Frédéric Rousseau, «Introduction. de l'esclavage à Hiroshima: La muséohistoire des passés douloureux de l'humanité...», in: ibid. (dir.), *Les presents des passés douloureux. Musées d'histoire et configurations mémorielles. Essais de muséohistoire*, Paris 2012, p. 7.

(9) この頻繁な帰属国家の交替を国籍の観点から考察したものとして、以下の拙稿を参照。西山暁義「「アルザス・ロレーヌ人」とは誰か」近藤和彦編『ヨーロッパ史講義』山川出版社、二〇一五年、一八四―二〇三頁。

(10) ナンシーを中心とする残りのロレーヌはフランス領であったこともあり、一九一八年以降、とくに一九四五年以後には「アルザス・ロレーヌ」よりも、むしろ「アルザスとモーゼル」と呼ばれるようになる(モーゼルはドイツ領ロレーヌに相当する県)。本稿では、日本における定着の観点から、記念館の名称以外は「アルザス・ロレーヌ」を用いることにする。

(11) Cf. Eugène Riedweg, *Les "Malgré-nous". Histoire de l'incorporation de force des Alsaciens-Mosellans dans l'armée allemande*, Strasbourg 1995.

(12) Cf. Jean-Laurent Vonau, *L'épuration en Alsace. La face méconnue de la Libération, 1944-1953*, Strasbourg 2005; Christine Kohser-Spohn, «L'Épueration de 1945 en Alsace, un vecteur de la réconciliation entre la France et l'Allemagne?», in: Bernard Ludwig et al. (eds.), *Frontières et réconciliation. L'Allemagne et ses voisins depuis 1945*,

Bruxelles 2011, pp. 179-198.

（13）実行部隊にはロレーヌ出身者がおらず、犠牲者のなかにロレーヌから疎開したものが四四人含まれていた。そのため、オラドゥール事件をめぐるアルザスへの連帯は弱かった（むしろ、事件の生き残りの一人であるロレーヌ疎開者の出身の村の名は、オマージュとして「シャルリー・オラドゥール」と改称された）。犠牲者にはアルザスからの疎開者も数名含まれていたが、地域の記憶のなかでは埋没することになる。

（14）Sarah Farmer, "Postwar Justice in France. Bordeaux 1953", in: István Deák, Jan T. Gross, Tony Judt (eds.), *The Politics of Retribution in Europe. World War II and its Aftermath*, Princeton 2000, pp. 194-211.

（15）以下からの引用。Cornelia Rauh, „Elsässische Gedächtniskultur und französische Vergangenheitsbewältigung im Widerstreit", in: dies. u. a. (eds.), *Deutschsein als Grenzerfahrung. Minderheitenpolitik in Europa zwischen 1914 und 1950*, Essen 2009, pp. 170-171.

（16）この銘板の写真は、オラドゥール記憶センターの展示カタログに掲載されている。*Comprendre Oradour. Centre de la mémoire d'Oradour. L'intégrale du parcours de mémoire. Documentation-Iconographie-Témoignage*, Limoges 2000, p. 124.

（17）Cf. Dieter Tiemann, *Die Geschichte des Strassburger-Preises 1963-1996. „Vordringlich war die Bereinigung des deutsch-französischen Verhältnisses"*, Hamburg 2001.

（18）Rainer Riemenschneider, „Grenzprobleme im Schulbuch. Dokumentation zur Darstellung der Annexion von Elsaß und Lothringen in deutschen und französischen Geschichtsbüchern von 1876 bis 1976", in: *Internationale Schulbuchforschung* 2 (1980), pp. 85-107.

（19）«L'inquiétude des combattants», *Dernières Nouvelles d'Alsace*（以下、*DNA* と略）, 28/6/1996.

（20）Alfred Wahl (éd.), *Les Alsaciens-Mosellans dans la deuxième guerre mondiale 1939-1945*, Paris 1984; François Igersheim, «Mémoire et historiographie de l'incorporation de force. Le choc d'"Avant l'Oubli"», in *Revue d'Alsace* 138 (2012), pp. 225-240.

（21）Jean-Laurent Vonau, «Pour un mémorial du souvenir 39-45 en Alsace-Moselle», *DNA*, 1997/05/08.

（22）渡辺和行『ホロコーストのフランス——歴史と記憶』人文書院、一九九八年。

(23) Jacques Fortier, «En Pèlerin dans la fôret russe», in: Régis Baty et al., *Tambov. Le camp des Malgré-Nous alsaciens et mosellans prisonniers des Russes*, Strasbourg 2010, pp. 105–156.

(24) «Mémorial à Tambov: première étape», *DNA*, 1998/01/17.

(25) Sylvie Bodin, «Une conviction commune. Rapprochement entre Oradour et Strasbourg», in: *Les Saisons d'Alsace*, hors série Mai 2012: *Août 1942. Le drame des incorporés de force*, p. 83.

(26) Jean-Louis English, «Les anciens expulsés, réfugiés et évadés se souviennent», *DNA*, 1999/5/19.

(27) Philippe Richert, *Passion d'Alsace. Pour une région audacieuse et unie*, Strasbourg 2009, pp. 106–114.

(28) ただし、リシェールが主導したアルザスの二つの県議会と地域圏議会の統合は、二〇一三年の住民投票の結果否決された。最終的にオランド政権下の地域圏改革によって、県は維持されたまま、ロレーヌおよびシャンパーニュ・アルデンヌと合併し、二〇一六年にグラン・テスト Grand Est(大東部)地域圏が成立した。

(29) 実際記念館の展示では、ナチ労働戦線の秘密世論調査の結果が引用され、積極的にナチス支配を受け入れる者は住民の多くて一〇%に過ぎず、彼らの支持の理由は親独的心情、ナチ・イデオロギーの誘惑、出世主義など多様であったことが指摘されている。Christope Nagyos, *Mémorial d'Alsace-Moselle. Le musée d'une histoire tourmentée de 1870 à nos jours*, Clermont-Ferrand 2008, p. 87. さらに本章注45も見よ。

(30) «Mémorial: Les questions du grand rabbin Gutman», *DNA*, 1999/09/25.

(31) «Aujourd'hui, l'histoire nous éclate à la figure», *Libération*, 1999/12/28.

(32) そうした事例として、ストラスブール南郊のイルキルシュ・グラーフェンスターデンにおける「事件」が挙げられる。同地では、「町おこし」の一環として、一五〇年以上の歴史を誇る機械工場でナチ併合期に製造された機関車が記念碑として設置される計画が持ち上がった。これが新聞などで報じられると、ナチ時代に製造された機関車を選んだことに批判が集まり(ただし提案した社会党の市長は、当該機関車は強制移送に使用された形跡はないと釈明した)、提案は最終的に撤回された。Cf. Jean-Claude Herrgott, *Train d'enfer, la mémoire oubliée. Une locomotive du IIIe Reich pour monument?*, Paris 2008.

(33) «Marc Ferro: 'Les Alsaciens ne sont pas des victimes de l'Histoire': Entretien avec Jean-Pierre Bouteiller», in: *Les Saisons d'Alsace* 27 (2005), pp. 39–40; Pierre Koenig, «Les 'Malgré-nous'», in: *Revue d'Allemagne et des pays de*

langue allemande 39(2007), pp. 496–497.

(34) Henning Meyer, *Der Wandel der französischen „Erinnerungskultur“ des 2. Weltkriegs. Das Beispiel dreier „Erinnerungsorte“: Bordeaux, Caen und Oradour-sur-Glane*, Saarbrücken 2009, pp. 206, 312.

(35) «Schirmeck, ville du souvenir», *DNA*, 1999/04/08.

(36) «En Alsace, la construction d'un mémorial ravive la controverse autour des malgré-nous», *Le Monde*, 2002/12/26.

(37) «Historial: un projet et des sites», *DNA*, 1998/12/31.

(38) «L'Historial de Péronne est-il trop élitiste?», *Le Courrier Picard*, 2017/02/11.

(39) 各スペースの記述については、記念館のカタログを参照。*Mémorial d'Alsace-Moselle*, op. cit..

(40) Dominique Trouche, *Les mises en scène de l'histoire. Approche communicationelle des sites historiques des guerres mondiales*, Paris 2010, pp. 88–89.

(41) このため、記念館はペロンヌやグラーヴロットなどと異なり、歴史的文化財のコレクションをほとんど所蔵しておらず、そのため文化省の「フランス博物館」の認定を受けていない。「フランス博物館」については、ジャック・サロワ(波多野宏之、永尾信之訳)『フランスの美術館・博物館』(文庫クセジュ)白水社、二〇〇三年、一四九、一六五―一六六頁を参照。

(42) «Il est temps de comprendre l'histoire de l'Alsace et de la Moselle», *DNA*, 2004/10/21.

(43) «Une symbiose entre atmosphère et documents», in: *Le Courrier du Mémorial* 2(2002), p. 6.

(44) «Inauguration. Mémorial de l'Alsace-Moselle: les premiers visiteurs séduits», *DNA*, 2005/06/19.

(45) アルザス・モーゼル記念館について言えば、上述のラファエルの指摘、すなわち加担から消極的同調、傍観にいたる、アルザス・ロレーヌの住民たちの多様な態度は、展示において表象されているわけではない。そこでは、ナチへの加担者と抵抗者、迫害の犠牲者に二極化された展示となっており、「グレーゾーン」を描くことの難しさを示している。

(46) «L'avis du maire d'Oradour», *DNA*, 2005/6/19.

(47) «Oradour et la Cour de Cassation. Les plaies de la mémoire», *DNA*, 2013/10/17. 二〇一三年の破棄院判決によって、控訴審のそれは覆され、エブラスは無罪となった。そこで示されたのは、強制召集兵の強制性に疑問を呈することは、ホロコーストやアルメニア人虐殺など記憶法で規定されているものとは異なり、言論の自由の制約を破るものではない、という認識であった。

(48) «Oradour et les incorporés de force», *DNA*, 2011/12/04; «Oradour-sur-Glane: l'Alsace et le Limousin se déchirent encore», *Le Nouvel Observateur* 2012/09/16.

(49) «Anciens combattants: revendications insatisfaites», *DNA*, 2005/11/26; «Courrier des lecteurs», *DNA*, 2006/03/21.

(50) «Les Morceaux choisis du Président Nicolas Sarkozy. 'Réparer une injustice'», *Le Courrier du Mémorial*, 16 (2010), p. 16.

(51) «Compte rendu de l'Assemblée générale ordinaire de l'OPMNAM à Bitche le 4 juin 2010», http://www.maglre-nous.eu/IMG/pdf_CR_OPNMAM_Bitche.pdf（アクセスは二〇一三年一一月三〇日）。

(52) «Le risque du mur des noms», *DNA*, 2017/03/04; «Pour mieux comprendre la 2nde Guerre Mondiale», *DNA*, 2017/03/20; «Non à la confusion des victimes», *DNA*, 2017/04/09; «Mur des noms: 'Interroger l'histoire'», *DNA*, 2017/05/07.

(53) 「ヨーロッパ歴史館」は、二〇一一年までに断続的に行われてきた移動展示「ヨーロッパ、それは我々の歴史（Europe, c'est notre histoire）」をふまえつつ、常設展示として一新したうえで二〇一七年五月に開館した。ここに提示された歴史的空間としてのヨーロッパについては別稿にて取り上げる予定である。差し当たり、同館のＨＰを参照。https://historia-europa.ep.eu/fr

第７章　ドイツにおける対外文化政策としての歴史対話
――一九七〇年代の国際教科書研究所をめぐって

近藤孝弘

はじめに　共同教科書が提起する問題

イギリスの国民投票がＥＵ脱退を決める前日の二〇一六年六月二二日、ベルリンの繁華街クーダムに近いロベルト・ユンク中等学校[1]で、ドイツのシュタインマイアー外相とポーランドのヴァシチコフスキ外相がドイツ＝ポーランド共同歴史教科書『ヨーロッパ・私たちの歴史』第一巻[2]の完成を発表した。これにより、独仏共通歴史教科書が注目を集めるなかで二〇〇六年にシュタインマイアーがポーランド政府に呼びかけ、二〇〇八年五月に両国の共同教科書委員会により正式に開始された教科書作成プロジェクトは、完遂に向けて大きな一歩を記したのだった。

出版セレモニーに場所を提供した同校は、反核平和運動で有名な作家の名前を冠しているにふさわしく、人権教育や異文化間教育に力を入れるユネスコ学校であり、なかでもポーランド語のバイリンガル・クラスを持つ唯一のヨーロッパ学校である[3]。そのポーランド語クラスは、同様にポーランド語のバイリンガル・クラスを持つ小学校の卒業生をはじめ、ポーランド語の一定の知識を持つ生徒を受け入れており、そこでは第七学年の入学時より歴史、地理、生物、音楽の四教科はポーランド語で教授される[4]。また、この課程で大学入学資格であるアビトゥアを取得しようとする場合、歴史は必修とされ、そのアビトゥア試験はポーランド語で受験することになる。このようにヨーロッパ統合の進展を促進すると同時にその現状を反映する存在である同校は、完成した共同歴史教科書を披露し、それを祝う上で適切な場所だったと言えるだろう。

しかし、そもそもドイツの外相がポーランド政府に呼びかけて作成が決まるという経緯に問題はないだろうか。特定の教科書の作成に政府がコミットすることは、歴史教育への政治権力による介入にはあたらないのだろうか。こうした疑問は、より広く国際歴史教科書対話と呼ばれる活動は、誰のイニシアチブのもとで、どのように進められることが望ましいのかという問題と関係する。

本稿は、こうした問題意識に立ち、一九七二年に始まるドイツとポーランドの歴史教科書対話の初期の時点で、当時の西ドイツ外務省がそこにどのように関与していたのかに焦点を当てることで、学校教育という歴史コミュニケーションのための公的空間の核に位置する教科書の作成をめぐって、歴史家は政府と協力しうるのか、できるとすればいかなる条件が必要とされるのかについて検討するものである。

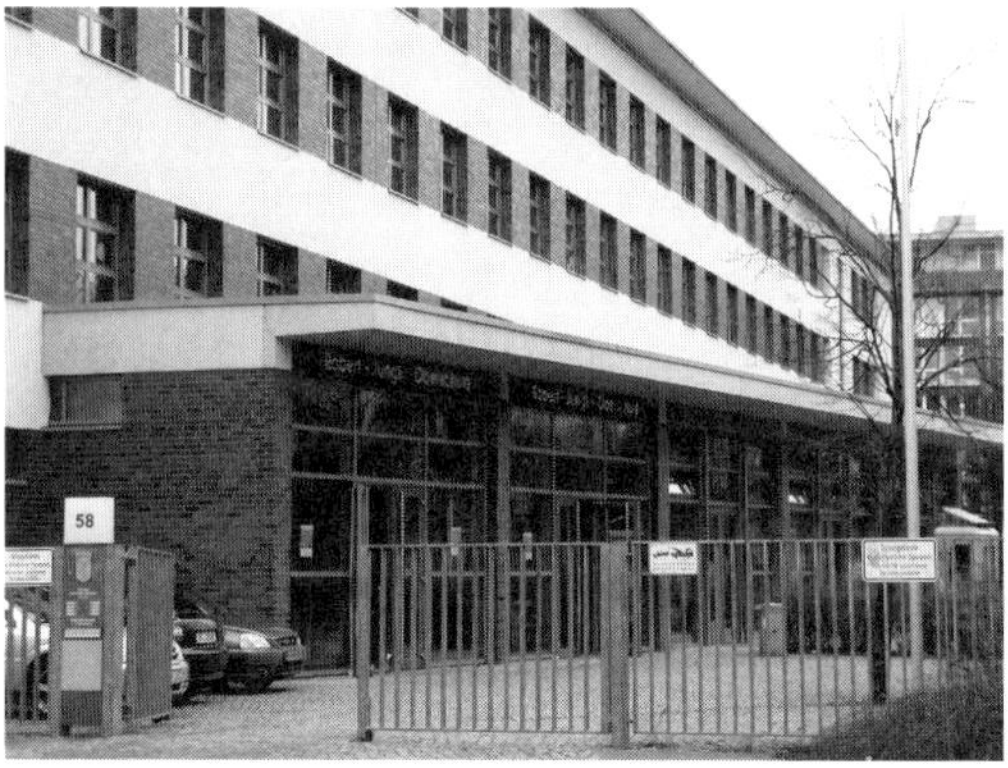

ロベルト・ユンク中等学校

1　ドイツ＝ポーランド対話の進展と国際歴史教科書対話の語られ方

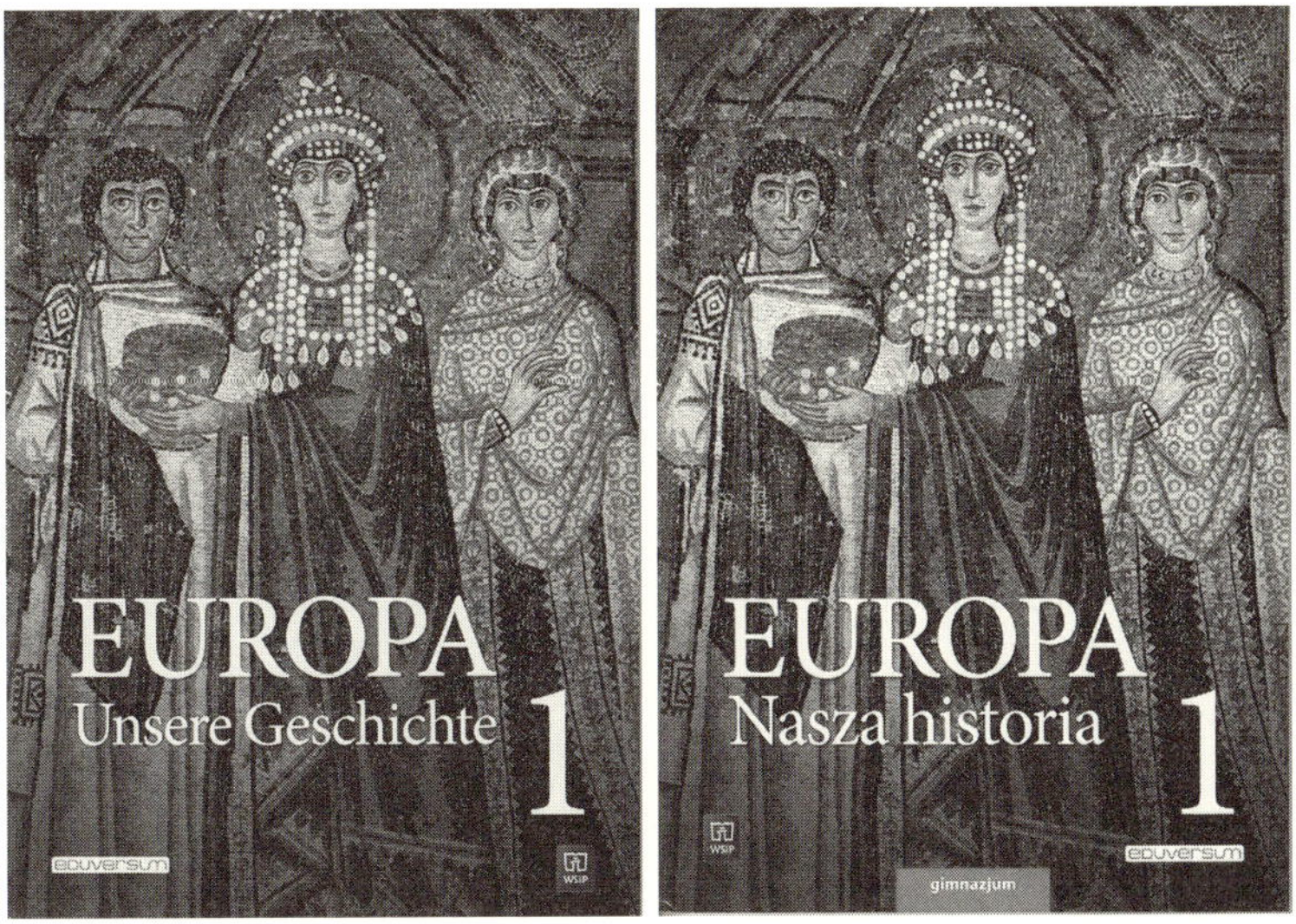

ドイツ＝ポーランド共同歴史教科書(左：ドイツ語版，右：ポーランド語版)

両国間では一九三七年と三八年に歴史教科書対話が行われたことがあり、また戦後は、一九五五年に国際教科書研究所のゲオルク・エッカートを中心とするドイツの歴史家とイギリスに亡命していたポーランド人歴史家とのあいだで意見交換が行われている。しかし、共同歴史教科書を作成するまでに到った今日のドイツ＝ポーランド共同教科書委員会の活動に、こうした古い対話は基本的に引き継がれていない。もちろん歴史理解上の争点には一定の共通性があり、また五五年の会議との関係では、エッカートをはじめとする人的な継続性も一部に認められるが、たとえば戦後初期の独仏対話が一九三五年の会議でまとめられた教科書勧告を改訂する意図をもって再開されたというような意味での直接的なつながりは存在しないのである。

今日まで続く対話は、一九七〇年一一月にパリで開かれたユネスコ総会の場で、西ドイツ・ユネスコ国内委員会を当時率いていたエッカートと、ポーランド・ユネスコ国内委員会委員長エウゲニア・クラソフスカが共同教科書委員会の創設を約束したところから始まる。その背景には、ブラント政権がソ連ならびに東欧諸国との関係改善を目指していわゆる東方政策を進めるなかで、両国民間の相互理解の推進という政治課題が浮かび上がるという状況があった。両国間の対話は、特にその初期の時点では、西ドイツの積極的な外交政策と分けて考えることはできない。だからこそ、後に共同教科書委員会の活動は、西ドイツにおいて各州議会を中心に賛否両論の激しい議論を呼ぶこととなったのである。

両国間の対話は、その開始の経緯において外交上の要求と結びついていただけでなく、議論の内容面でも当時の政治的環境の刻印を受けていた。一九七六年にまとめられた教科書勧告が、独ソ不可侵条約（秘密議定書）にもカチンの森の虐殺にも触れていないことが象徴するように、参加したポーランドの歴史家は自国政府が許す範囲内でしか議論をすることができず、また、そうしたパートナーとの対話を成功に導くために、西ドイツの歴史家も相手の置かれた立場に配慮しなければならなかった。共同教科書委員会での議論は、いわゆる政治的配慮によって学問的な結論が曲げられることはなかったとしても、それ以前に、話し合うことのできる範囲が制約を受けていたと言えよう。

こうした限界の存在、そしてその下で教科書の記述をめぐる歴史学上の議論が進められたことは、どう評価されるのであろうか。この点についての理解が、これまで日本では深められてこなかったように思われる。たとえば、両国間の対話から示唆を得る形で、二一世紀初頭には政府が支援する日韓・日中間の歴史共同研究が進められたが、その成果については比較的単純に、失敗という評価が下されるケースが少なくない。それは、参加者のあいだで意見の対立が目立ち、歴史理解やその教科書における記述方針についての公式合意が得られなかったことに基づいていると考えられるが、こうした評価は正当だろうか。

この失敗という判断の背後には、歴史対話は純粋に学術的に行われるべきであり、そこに政治的・外交的配慮が入り込む余地があってはならないとする感覚が働いているように思われる。そもそも韓国や中国など近隣諸国への敵対的な論調を特徴とする、いわゆる右寄りのメディアでは、以前より国際歴史教科書対話など可能でも望ましくもないという声が強かった。しかし、こうした対話が始まる頃から、むしろ学問的な議論を通じて近隣諸国の歴史理解の「誤り」をただす可能性を語る例も見られるようになる。その上で、やはり上記の二つの対話については、相手国の歴史家が自国政府や民衆の意向に従うばかりで学問的な誠実さを欠いたために、学問的な議論は不可能だったという評価に落ち着くのである。

他方、国際歴史教科書対話に問題解決への貢献を期待する人々のあいだでも、同様に、対話は純粋に学問的に行われるべきであり、政治的な配慮がそこに働くことは好ましくないとする考え方が強い。ここに家永教科書訴訟以来の歴史教育をめぐる政府と研究・教育のあいだの緊張関係が影を落としているのは間違いない。

日韓・日中対話の報告書[5]からは、実際に参加した多くの歴史家が抑制的な姿勢を保ち、自らの学問的な見解を述べるにとどめた様子がうかがわれる。一連の対話は、共同教科書の作成はもちろん、共同教科書勧告をまとめる作業にも踏み込まなかったが、そこには政治的環境がそれを許さなかったことに加えて、会議を外交の延長線で捉え、たとえ暫定的なものであっても、政治的な配慮のもとで一つの答えを出すことへの躊躇があったものと推測される。こうした慎重さは、ほぼ同じ時期に政府の支援の外で進められた日中韓三国の歴史家による共同教材の作成プロジェクトが、困難を抱えながらも一定の成果に到ったことと比べるとき、いっそう明らかとなる[6]。

もちろん、この違いには、なにより官民それぞれの対話に参加した個々の歴史家の学問観や政治と外交についての理解の違いが表れているだろう。しかし実際には、国家を背負うことが、自由であるべき学問的議論を困難にするという認識は、政府間の対話に参加した歴史家の範囲を超えて、さらには歴史家に限らず様々な分野の研究者のあいだでも共有されているのではないだろうか。

事情はヨーロッパでも同じである。国際歴史教科書対話は国家から独立した個人としての歴史家によって進められるべきであるとの考え方は、むしろヨーロッパから日本に輸入されたものかもしれない。

ドイツで国際歴史教科書対話の歴史を振り返る際には、そのルーツの一つが、本来は人類とその知性に対して責任を負うべき知識人が、特に第一次世界大戦時に愛国心に駆られて各国政府の戦争遂行に協力してしまったことへの反省にあること、そして、その反省から設立された国際連盟下の国際知的協力委員会(International Committee on Intellectual Cooperation)やそれを引き継ぐ戦後のユネスコによる対話が、各国政府の抵抗により挫折したことが言及される(7)。ドイツ＝ポーランド共同教科書委員会の活動を他に先駆けて詳細に紹介した西川正雄と伊集院立も、こうした理解に基づき、戦前のフランスの教員団体について「〔彼らは〕一方で教科書選定に国家が介入することに反対しつつ、他方、平和を目指して教科書を改善しようという点でとりわけ熱心であった」と述べ、また戦後のドイツ＝ポーランド会議には、両国の歴史家の他に「ドイツ側には、ユネスコ国内委員会の代表者五名、ポーランド側には「客」として外務省・国民教育省の代表四名が参加していた(8)」と記している。

このような表現からは、政府がこうした活動に介入することは好ましくないという理解の上で、また、そういう問題点を読者に知ってほしいと願いつつ、それにもかかわらず両国間の対話には注目すべき価値があるとする著者の判断を読み取ることができるだろう。そして、こうした理解は筆者を含む多くの後続の研究者によって共有されることになった。その結果、教科書勧告はあくまでも対話参加者による教員や教科書執筆者に向けた一種の提案であり、それは政府による検定とは別物であると語られてきたのである。

以上のような理解には、国際歴史教科書対話への不安を少なくし、とりあえずそれを実施することを容易にした面があろう。同時に、政府の影響力への懸念を前提とするのであれば、二一世紀初頭の東アジアの対話の結果は当初から予想されていた範囲にあり、必ずしも失敗だったとは言えない。むしろ失敗という評価を下すことが、対話を失敗に導くものであった。

しかし、ドイツ＝ポーランド共同教科書委員会が両国政府の意向を受けて共同教科書の作成に取り組み、実現するという今日の状況は、以上のような対話についての認識から大きくずれている。西ドイツとポーランドの活動が開始された一九七〇年代ないし、それが本格的に日本に紹介された八〇年代に存在した二つの理解、すなわち第一に国際歴史教科書対話は各国の歴史家による自発的な国際協力であって、仮に政府予算で支えられるにしても、それは政府の活動ではないという捉え方、それに加えて第二に、対話は既存の教科書からナショナリスティックな偏向を除去することを目指すものであり、関係国政府の関与のもとで新たに共通の教科書を作るものではないという理解が、いまではいずれも通用し難いのである。

このずれには、一九九〇年のドイツ統一に象徴される当時のヨーロッパの変容、とくに統合の進展が影響していると考えられるかもしれない。

確かに、ヨーロッパ人を自称する銀行家のフレデリック・ドルーシュが、ヨーロッパ共通歴史教科書を目指し、EUの資金を得て作成した『ヨーロッパの歴史』(一九九四年)は、各国・各地の歴史教育課程の多様性ゆえに所期の目的を達することなく一般の歴史書として刊行されるしかなかった。しかし、そのような活動が好意的に見られる環境がそれによって作り出されたことは間違いない。そして二一世紀に入ると、独仏共通歴史教科書やドイツ＝ポーランド共同歴史教科書のように、歴史家のサークルの外に位置する人々の発案による国境を越えた教科書作りが開始されるのである。

このように、世界史上の画期と結びつける形で国際歴史教科書対話の変容を理解することはある程度可能だが、とはいえ一九九〇年の前後の対話の性格について、そのあいだの異質性を強調することには慎重さが求められる。もし本当に九〇年以前の国際歴史教科書対話が基本的に歴史家のイニシアチブにより純粋に学問的に行われていたとすれば、当時、敢えてそのように言葉にする必要はなかったであろう。そうした言葉は、むしろ九〇年前後の対話の連続性を示唆していると推測されるのである。

2　国際教科書研究所再建問題における西ドイツ外務省のアプローチ

国際歴史教科書対話と政治とりわけ外交政策の関係について考えようとするとき、ドイツ＝ポーランド共同教科書委員会の活動が最も適した観察対象であるのは間違いない。それは他の同様な活動に比べて政治的性格が強く表に出ている。本節では、特に一九七〇年代に、西ドイツ外務省が、ポーランドとの対話を進めていた国際教科書研究所に対していかなる期待のもとで、どのような働きかけを行ったのか否かについて、ベルリンのドイツ外務省政治文書館に保存され、閲覧可能な公文書ならびに関連資料をもとに明らかにしていきたい。

残されている文書のなかでポーランドとの教科書対話について記したものからは、外務省、とりわけ対話の西ドイツ側の窓口である国際教科書研究所を管轄する対外文化政策課が、共同教科書委員会の活動を細かく追っていたことがわかる。当然のことながら、同課が歴史理解をめぐる議論の内容について何らかの見解を持っていたことを示す文書は見られない。その一方で一九七〇年代前半に生じた国際教科書研究所の再建問題では、同課が積極的に多方面に働きかけていた。

事の発端は、一九七四年一月七日、大学での講義中にエッカートが脳卒中で倒れたことである。それにより主を失った国際教科書研究所をどう存続させるかが問題となった。

そもそも研究所は一九五一年にドイツ教員組合の予算で設立され、一九五四年以降はエッカートが勤めていたニーダーザクセン教育大学ブラウンシュヴァイク校の一部局として位置づけられていた。しかし、これは同校の歴史教育学の教授である彼が研究所の所長を勤めていたというだけのことであり、その死によって研究所が宙に浮く形となってしまったのである。ちょうど当時は、外交的に大きな意味を持つポーランドとの対話が開始されたばかりであり、研究所を財政・組織面で強化すべく、エッカートと外務省対外文化政策課のあいだで支援をめぐる交渉が開始されたばかりだった。実際、研究所のプロジェクトに対する外務省の支援は一九七〇年の年額七万八〇〇〇マルクから年々増額され、一九七三年以降は二三万マルク前後に達した。[9] 交渉では、外務省が、財政支援と引き換えに国際教科書研究所の活動は外務省との調整の上で進めることを求めたのに対し、エッカートはそれを受け入れずにいた。そうした中で、彼は帰らぬ人となったのである。

　不測の事態に最初に対応したのは、研究所が位置するニーダーザクセン州の州政府だった。それまで研究所に協力してきた四人の歴史家に[10]再建案をまとめさせ、一九七四年一一月一四日には研究所を大学から切り離して独立した州立の研究機関（ゲオルク・エッカート国際教科書研究所）とする法案が議会に提出された。当時の州政府はエッカートも属していた社会民主党（ＳＰＤ）と自由民主党（ＦＤＰ）の連立政権であり、学術芸術相ヨイスト・グロレ（ＳＰＤ）は一二月一一日の州議会で次のように趣旨説明を行っている。

　この研究所は、欧州評議会やユネスコと緊密に協力して、ヨーロッパ規模あるいは世界規模で様々なセミナーや専門家会議を、また特に欧州評議会の歴史家と地理学者の会議を準備・実行してきました。同研究所は、数多くの国や教員組合、歴史家委員会、そしてユネスコ委員会とのあいだで教科書を交換し、分析を行ってきました。その研究所と亡くなったゲオルク・エッカート教授の功績は、世界から認められております。

〔中略〕

　ニーダーザクセン州政府は、慎重に検討した結果、同研究所を法律に基づく独立した機関とすべきことを決めました。それにより、研究所にさらなる活動を促したり、あるいはその従来の活動に関心を持つ諸機関との協力を制度化することができます。また研究所に法的に独立した地位を与えることは、州政府が研究所の業務に認めている意義を明らかにすることにもなります。[11]〔傍点引用者〕

グロレは自ら歴史教科書を著す歴史教育学者でもあり、国際教科書研究所の仕事を良く理解し、高く評価していたことが、ここからうかがえる。彼は、速やかに研究所を再建することを望んでいたと考えて良いだろう。しかし州議会野党のキリスト教民主同盟（ＣＤＵ）の考えは違っていた。

当時、連邦レベルではＳＰＤ／ＦＤＰ連立政権が進める東方政策を保守系のＣＤＵとそのバイエルンの姉妹政党キリスト教社会同盟（ＣＳＵ）が厳しく批判し、その対立の構図にドイツ＝ポーランド共同教科書委員会も巻き込まれていた。とはいえ、国際教科書研究所の地元ニーダーザクセン州のＣＤＵの教育担当ヴェルナー・レマースは、研究所の活動までは否定せず、州のＳＰＤ／ＦＤＰ政権が再建を急ぐあまり、それをニーダーザクセンだけで担おうとしていることを批判したのだった。彼によれば、同研究所の使命は西ドイツ全体に関わっていることから、すべての州が運営に参加し、いわゆるケーニヒシュタイン基準に基づいて経費を分担して負担すべきなのであった。[12]

ここには国際歴史教科書対話に対する当時の同州のＣＤＵの基本的な姿勢が良く表れている。すなわち、彼らは研究所の存続には賛成であり、その価値も認めていた。しかしポーランドとの対話のような形で、それがＳＰＤの外交政策に利用される事態は問題であると考え、ＣＤＵならびにＣＳＵが与党を占める州がその運営に発言権を持つことで、研究所の活動へのＳＰＤの影響力を弱めることを狙っていたのである。

このレマースの要求に対し、グロレは、問題となっているのは小さな人文社会系の研究所であることからニーダーザクセン州単独で財政負担に十分耐えることができ、なにより現実にＳＰＤが与党の州とＣＤＵないしＣＳ

Uが与党の州とのあいだで文教政策をめぐる厳しい緊張がある状況のもとで、もし全州が影響力を持つことになれば、研究所の活動は行き詰まってしまうだろうと否定的な見解を示した。

ところが、その後、意外な方面からグロレに方針の転換を求める動きが生じた。ニーダーザクセンと同じSPD／FDP政権下の外務省対外文化政策課課長ハンス・アーノルトが、翌一九七五年一月一〇日に次のように記した書簡を送ってきたのである。

議事録によりますと、一二月一一日のニーダーザクセン州議会であなたは次のように御発言になりました。「連邦政府は今後も研究所を財政支援する用意があるということです。しかし、そのための協定は、研究所がどういう枠組みでその研究活動を続けるかについて明確になるまで締結されません」。

これは、外務省の立場からは、その研究所が今後どうなるのかを関心をもって見守っているという意味において正しいと考えます。外務省が財政支援できるかどうかは、次の二点にかかっています。

①研究所が引き続き国際的な教科書改善作業に取り組むこと。

②教科書研究所の業務が他の州と制度的に結びついており、国際的な活動から得られた教科書改善の成果がすべての州で受け入れられる保障があること。

ゲオルク・エッカート国際教科書研究所の設立によって、これらの条件が満たされなくなるのであれば、連邦政府の側で外務省から財政支援をすることは不可能となるでしょう。また、その場合、外務省はこの二つの条件を確実に満たす形で国際的な教科書改善を進める別の方法を探すことになるでしょう。(13)

まず一つ目の条件は、グロレが州議会において「さらなる活動」という言葉で、新しい研究所に国際教科書改善作業以外の課題を与える可能性を示唆したことへの懸念を示していると言って良いだろう。このことは、後述する新所長問題に引き継がれることになる。

他方、第二の条件については、それを強調した背景に、当時のポーランドとの関係があったのは間違いない。一九七五年四月二九日に対外文化政策課の二人の参事官からカール・メーシュ政務次官（FDP）に事情説明のために送られた内部文書には、次のような記述が見られる。

今後、外務省は、各種研究機関の支援に際し、外務省の「目的」が実現されるかどうか、換言すれば対外文化政策の目標が達成されるかどうかを基準に考えなければならず、したがってニーダーザクセン州とのあいだで、その研究所への財政支援についての協定を締結する前に、同州が、研究成果がドイツ全土で反映されるよう、研究所に他州との協力ならびに制度的な関係を持たせることを確認する必要がある。このことは、ブラウンシュヴァイクの研究所のこれまでの不十分な行動が、〔たとえば特に今日のポーランドとの関係において〕連邦政府に大きな外交的困難をもたらしていることを考慮するとき、極めて重要である。そうした国の関係者が、外務省に対して、この研究所の国際的な活動の成果を現実のものとするよう要求してきたばかりである(14)。

なおメーシュはこの文書が届く前にすでにニーダーザクセン州首相アルフレート・クーベル（SPD）に書簡を送っており、そこでは国際教科書研究所が教科書勧告をまとめるだけでなく、それらの勧告の実現が追求されなければならないと述べている(15)。

残された文書から、その後も外務省とニーダーザクセン州のあいだで様々な意見の交換が行われたことがうかがわれるが、その対立は基本的には州の文化高権をめぐって生じていたと言って良いだろう。本来、学校教育は各州の管轄事項であり、外務省が主張しているような、国際教科書研究所がまとめる教科書勧告を各州に受け入れるよう要求することは誰にもできない。そのことについては、後に首相府も外務省に対して言わば釘を刺すことになる。⑯

しかし、外務省としては、連邦予算で同研究所を支援する以上、その研究所がまとめる教科書勧告等はニーダーザクセンだけでなく西ドイツ全体が利用すべきものであることが必要だった。さらに、なによりドイツ＝ポーランド共同教科書委員会の活動がＣＤＵないしＣＳＵが与党の州で批判されていることに対するポーランド側からの不満を受けて、最低でも勧告を否定する州が出ないよう、全ての州が国際教科書研究所を支援する体制を実現するよう主張せざるを得ない状況にあったのである。

こうして、研究所の活動に対するＳＰＤの影響力を弱めることを狙うニーダーザクセンのＣＤＵと、⑰反対に、その活動をより強力に推進したいＳＰＤ／ＦＤＰ連立政権下の外務省が、ニーダーザクセン州政府に対し、異なる意図をもって同じ内容の修正を要求するという事態が生じることとなった。

なお、この議論のなかで外務省が国際教科書研究所そのものの消極姿勢を批判している点は興味深い。対話に参加したドイツの歴史家は、基本的に、対話の成果である教科書勧告は参加者による私的な性格のものであり、それをどう扱うかは各教科書執筆者や教科書検定を行う各州政府の判断にゆだねるという立場を取っていた。これは、教科書の記述に責任を負うのは誰なのかという問いをめぐって彼らが導き出した解答であり、一般に妥当なものと考えられているが、ポーランドとの関係を優先する外務省の目にはもどかしく映ったようである。

さて、外務省とニーダーザクセン州の対立では、結局、後者が譲ったと言って良いだろう。州議会の審議の過程で、他州も自発的に研究所の運営に参加し、ケーニヒシュタイン基準により応分の負担をすることを認めるという形で問題の決着が図られた[18]。六月二六日に成立した法律には次のような条項が見られる。「他州は本法第四条一項第三文ならびに第八条一項に基づき、ニーダーザクセン州と協定を結ぶことにより研究所の活動に責任を負うことができる」(第一条三項)。また、研究所の評議会の構成員について定めたその第四条には次のように記されている。「評議会委員は九名以上一九名以下からなる。そのうち八名は学術芸術相が四年の任期で任命する」[19]。

この条文が意味するのは、各州の代表は一名以上一一名以下ということであり、ここに西ドイツの一一州すべてに参加と支援の門戸を開いた様子が表れている。このあと実際に、ニーダーザクセン州と外務省は、研究所への支援に消極的な州に対して粘り強く参加を呼びかけていくことになる。

さて、エッカートの死去に伴う問題がもう一つあった。それはすでに動いている対話と研究所を誰が率いるかである。

緊急な対応が必要なポーランドとの対話については、西ドイツ・ユネスコ国内委員会副委員長でフレンスブルク教育大学教授のメルティナイトが代表を継ぐことがすぐに決まった。彼にエッカートの代わりがつとまるかどうかについては不安もあったようだが、ワルシャワのドイツ大使館は、一九七四年四月に開催された第五回西ドイツ＝ポーランド会議に参加したポーランド側代表でワルシャワ大学教授のヴワディスワフ・マルキェーヴィチが彼の手腕を高く評価していることをボンの外務省に伝えている。

一方、所長職については、研究所の再建問題と連動するため早期の選任は困難であり、新体制が整うまでエッカートの同僚であるバッハマン教授が暫定的にその代わりをつとめることになった。

そうしたなか対外文化政策課のアーノルトは、エッカートの死後間もない時点から、残された助手のシュデコプフと連絡をとっていたが、その意見交換に基づき一九七四年三月二五日、ニーダーザクセン州教育相ペーター・フォン・エルツェン(SPD)に、外務省が考える新所長の条件を伝えた。

これから国際教科書改善に責任を持つ者は、研究者として、また組織の管理者として優れているだけでなく、代表団を率い、交渉にも秀でていなければならない[20]。

これは教科書対話を最優先する外務省の希望を率直に述べたものだが、同省は再建される国際教科書研究所の運営には西ドイツの全州が責任を負うべきであるとの立場であり、ニーダーザクセン州とのあいだの協議で新所長を決めようとすることは矛盾である。こうして所長の選出は、一九七五年六月二六日の法律に基づいて新設される研究所の評議会に委ねられることになった。

ゲオルク・エッカート国際教科書研究所設置法に基づく第一回評議会は、一九七七年一一月四日に開催された。法律の可決成立から時間を要したのは、参加を渋る州の説得が進められていたためと推測される。第一回評議会の時点ではニーダーザクセンのほか、ベルリン、ブレーメン、ヘッセン、ラインラント・プファルツの四州しか支援に加わっていなかった。

他方、評議会の準備と並行して同年九月一五日締切りで所長の公募も実施されていた[21]。すでに第一回評議会の場で、応募した二七名の所長候補のリストが示されている。その中には、それまで暫定所長をつとめていたバッハマン、実際に初代所長に選出されることになるカール＝エルンスト・ヤイスマン、そして副所長に選出されるヴォルフガンク・ヤーコプマイアーも含まれていた[22]。

六人の評議員からなる選考委員会は一一月二三日にハノーファーで会議を開き、上記の三人を含む五人に絞り、翌七八年一月一〇日に開催された第二回選考会議で面接を行った。なお、この人事選考の詳しい経緯は、選考委員会に委員を送っていない外務省にも伝えられており、そこではヤイスマンが飛び抜けており、社会学を専門と

するバッハマンは可能性が低いと報告されている。㉓

第二回選考会議が出した結論はその報告の通りとなったが、外務省に残された選考報告書中のヤイスマンについての評価の一部に下線が引かれている。

それは彼が「ポーランドやルーマニアとのあいだで行われているような政治的性格を持つ二国間対話に慎重な姿勢」を示したという箇所である。この資料が添付された、外務政務次官ヒルデガルト・ハム＝ブリュッヒャー（FDP）への報告書には、「外務省にはヤイスマン教授についての情報はほとんどない」とも記されており、ここから新所長が果たして対外文化政策課にとって好ましい人物なのかどうかを判断しかねていた様子がうかがわれる。㉔

そして三月六日の第三回評議会で外務省の委員も含めて満場一致で正式に招聘が決まった直後に行われたヤイスマンの挨拶は、対外文化政策課をさらに不安にさせた。そこで彼は、研究所の課題として、より教科教育学と密接に協力しなければならないと述べたのである。㉕ 実際、彼は正式に所長に就任すると、それまで教科書勧告等の二国間対話の成果を掲載してきた『国際歴史地理教育年鑑（*Internationales Jahrbuch für Geschichts- und Geographieunterricht*）』を廃止し、代わりに年四回発行の新しい機関誌の創刊を提案することになる。そこでは教科書勧告よりも教科書研究の論文に高い優先度が与えられていた。

こうした方針は外務省にとって好ましいものではなかった。対外文化政策課が期待していたのは、ポーランドとの対話のようにすでに動いている活動を継続することに加えて、アメリカ・イギリス・フランスとの二国間対話に新たに取り組むことであり、教科書研究を学問的に発達させることではなかった。㉖ 残された文書からは、対外文化政策課内ではヤイスマンにどう対応するかが検討された形跡がうかがわれる。

課内には、あからさまに介入すれば著名な歴史家が研究所への協力から撤退する結果を招きかねないという心配もあり[27]、結局、研究所の評議会に出席した外務省選出委員は、新たな業務を否定することなく省の希望を伝えるにとどまったが、ヤイスマン個人に対しては、より明確な要求がなされている。

ゲオルク・エッカート研究所所長への就任おめでとうございます。ご存じのように、連邦政府は研究所設置法に記された目標と活動に大きな関心を持っております。〔中略〕さて、一九七八年一〇月二六日の本省宛てのお手紙によれば、所長は従来の『年鑑』に代わる『国際歴史―政治―地理教育研究』誌を刊行する計画をお持ちであるということですが、〔中略〕その新しい機関誌でも、ぜひ研究所が進める国際教科書改善の成果を完全な形で掲載していただくようお願いいたします。特にご注意をいただきたいのは、従来『年鑑』に対して外務省が行ってきた支援が、そのまま新たな機関誌に対して行われるわけではないということです。

外務省からの支援は、教科書研究の分野における国際的な協力というテーマがどれだけ取り上げられているかを精査した上で決定されることになります[28]。

こうした忠告をヤイスマンがどのように受け止めたのかはわからない。その後の事実は、まず、新たな機関誌は『国際教科書研究（*Internationale Schulbuchforschung*）』として実現した。その一方で、当時進んでいた二国間対話は継続され、外務省が望む新たな対話も開始された。以上は、言わば両者が追求するものを公倍数的に設定することで妥協が図られたことを示していよう[29]。外務省から見れば、研究所に期待する最大かつ唯一の業務が、実際には唯一ではなく、また優先順位も絶対的な一位ではなくなったが、それが推進されることに変わりはなく、他方ヤイスマンから見れば、その業務を遂行することで活動経費を確保することができたのである。

おわりに　国家の相対化と歴史コミュニケーション圏の変容

エッカートが戦後初期に国際教科書対話に着手したとき、政府はまだその活動に関与していなかった。もちろんフランスとの関係を軸にした欧州統合政策は対話に取り組む歴史家を後押ししたが、草創期のそれは基本的に教員組合等の非政府組織に支えられていた。しかし一九七〇年代に入ると状況が変わる。ブラント政権による東方政策のもとで外交と国際歴史教科書対話がリンクするなか、国際教科書研究所の活動はドイツ外務省の明確な関心の対象となったのである。そしてエッカートやその後を継いだヤイスマンは、むしろ研究所の運営が時々の政治的要求に振り回されないよう、独立性の維持に腐心せざるを得なくなった。

こうした経緯は、第2節に記した、対話は個々の歴史家の自発的な国際協力活動であるとする理解が、このときすでに確かな現実ではなく、むしろ追求すべき理想になろうとしていたことを示唆している。敢えて単純化して言えば、外務省の方が歴史家よりも対話に熱心となったのであり、のちに共同歴史教科書作成の推進役を果たすことになるのも不思議ではない。

対外文化政策課も心配していたように、このような展開は、外務省の下請け作業に従事することを良しとしない歴史家が国際歴史教科書対話から撤退する事態を招きかねない危険なものでもあったが、これまでのところ、そうした不安が目に見える現実とはなっていない。そこには、少なくとも次の二つの事情を考えることができるだろう。

まず、本稿では詳しく論じられなかったが、戦後のヨーロッパで国際歴史教科書対話と並行して進んだ国際統合の動きが、歴史研究ないしその教育と国家との関係に変化をもたらしたことを確認する必要がある。

かつては相互に対抗関係にある国家が国内の歴史家に自国中心主義的な方向で圧力をかけていたのに対して、ＥＵに象徴されるように、戦後のヨーロッパ各国はむしろ互いに支え合う関係に入っていった。こうした国際関係の変容のもと、学問と教育の自由は、以前は、自国政府の政治的圧力に対抗しつつ、隣国の歴史家や教育者と連帯する可能性を追求する意味を持っていたのに対し、今ではむしろ、各国政府がそのような国境を越えた協力を促している。こうして、少なくとも歴史家の国際連帯を通じた平和維持のために国家権力から距離をおく必要性は低下することとなった。

このような国際的な要因に加え、国内的には、戦後ドイツにおいて国際教科書研究所が緊張感をもって対応すべき政治的パートナーとして、外務省だけでなく各州政府が存在していたことも重要である。さらに外務省は、財政支援と同時に活動内容に口を出す一方、各州政府にも同様に研究所に対して責任を負うよう求めていた。国際的な共同研究の成果を現実のものとし、その意義を内外にアピールするためには州政府の協力が必要であることを良く認識していたのである。そして各州のあいだでも歴史教育については見解の相違があるなど、教科書対話に寄せられる政治的要請は決して一様ではなかった。その微妙な政治権力の均衡状況のもとで研究所は相対的な学問的自由を享受することができ、国際歴史教科書対話を個々の研究者による自発的な国際協力であると主張することができたのだった。

もちろん、以上のように国民国家が対外的にも国内的にも相対化していくことは、歴史家の言動が意に反する形で政治に利用される危険を必ずしも解消しはしない。実際に、少なくとも一九七〇年代にポーランドとの対話に参加した西ドイツの歴史家は、与野党間の激しい対立に巻き込まれることになった。しかしながら、日々の生活と政治に歴史の知識が必要とされる以上、各分野の歴史家が政治から距離をおけば、空いたスペースは別の歴史の語り手が埋めるだけである。こうした理解を持つ歴史家にとって、上記のような政治権力が明確に分散する傾向が、政治との距離を短くするものだったのは間違いない。

また、このような政治的な観点からの国民国家の相対化に加えて、近年のヨーロッパにおける歴史をめぐるコミュニケーション圏の拡大も視野に収める必要があろう。

すなわち近代的な歴史学ならびに歴史教育制度が形成されて以来、多くの国で、事実上、国民国家が歴史コミュニケーション圏の単位をなし、その空間内では学校教育を主な手段として政府が強力な影響力を保持してきたが、こうした状況は過去のものとなりつつある。今日では、学校教育が影響力を低下させる一方、テレビの歴史番組はもちろん、歴史に題材をとるゲーム等のデジタル・コンテンツがごく普通に国境を越えて売買され、視聴ないし使用されている。それらに見られる広義の歴史叙述は玉石混淆と言うほかはない。

商業的な歴史の利用は特に新しいものではないとはいえ、それらが以前はなかった映像の持つ強い力を備えていることに加えて、公教育はもちろん国家権力そのものが及ばない国境線の向こうに発信源が存在する可能性は、歴史教育における国家間協力が重要であるという認識を強化することになる。

実際のところ国民国家がどれだけ弱体化したのか、すなわち政治権力によって歴史が歪められて利用されるという古典的なリスクは、たとえば国際的な影響力を持つ資本などによって歴史理解が操作されるといった新たなリスクに比べて本当に小さいと言えるのかどうかはわからず、したがって国家に対する警戒を解除することはできないが、かつて国際教科書研究所が慎重に踏み出した政府への協力が、その範囲の拡大を求められているのは間違いない。最初に紹介した共同歴史教科書の作成プロジェクトも、このような状況と認識のなかで進められたものと言って良いだろう。

最後に少しだけ東アジアの状況に目を向けると、そこでは国家間関係の変容も、国内における政治権力の分散化も根本的には生じておらず、少なくとも歴史教育政策の観点からは、あいかわらず中央集権体制が強固であるように見える。こうした状況では、多くの歴史家が歴史教育をめぐる政府の活動からできるだけ距離を取ろうとするのは、むしろ自然である。

その一方で、歴史コミュニケーション圏の拡大だけはヨーロッパほどではないにしても少しずつ進行しているが、東アジアの国際関係の現状は、コンテンツの質の保障のために政府間協力を進めるという考え方に検討の余地をほとんど残していない。

こうして、国際歴史教科書対話は歴史家一人ひとりの自発的な国際協力として行われるべきであるという、かつてドイツで理想とされた理解は、いまもまさしく現実的意味を持ち続けていると言わなければならない。そもそも関係国政府が支援する歴史対話が中断されて久しい状況のもとでは、市民レベルの手弁当の努力に期待するしかないのだが、それが意味するところについては、まさに各国の市民がよく理解しておく必要がある。すなわち、それは我々が自覚的か否かを問わず真摯な歴史家を排除して過去を弄び、そのために未来を構築する力を未だ持ち得ていないということにほかならないのである。

（1）　Robert-Jungk-Oberschule. ベルリンでは基礎学校が六年制のため、中等学校では第七学年から第一三学年の生徒が学んでいる。

（2）　Gemeinsame deutsch-polnische Schulbuchkommission (Hrsg.), *Europa. Unsere Geschichte 1*, Eduversum, 2016. また同シリーズの第二巻 *Europa. Unsere Geschichte 2* も翌二〇一七年九月に刊行されている。なお独仏共通歴史教科書が後期中等教育段階用であるのに対し、ドイツ＝ポーランド共同歴史教科書は前期中等教育段階用である。

（3）　Staatliche Europa-Schule Berlin（ＳＥＳＢ）。なおベルリンにはポーランド語以外に、英語、仏語、（現代）ギリシア語、イタリア語、ポルトガル語、ロシア語、スペイン語、トルコ語のバイリンガル・クラスを持つ学校が中等学校でそれぞれ一―三校ずつあるほか、小学校でもそれらの言語のバイリンガル・クラスを設置している学校が存在し、それらもSESBと呼ばれる。

（4）バイリンガル・クラスも校内の通常クラスと同様にドイツ（ベルリン）の教育課程に則っており、ポーランドの課程ではない。

（5）日韓歴史共同研究と日中歴史共同研究の報告書については以下のウェブサイトを参照。http://www.mofa.go.jp/mofaj/area/korea/rekishi/、http://www.mofa.go.jp/mofaj/area/china/rekishi_kk.html（いずれも二〇一六年九月一〇日閲覧）。

（6）日本語版は、日中韓3国共通歴史教材委員会編『日本・中国・韓国＝共同編集　未来をひらく歴史――東アジア3国の近現代史』高文研、二〇〇五年、ならびに日中韓3国共同歴史編纂委員会編『新しい東アジアの近現代史（上・下）』日本評論社、二〇一二年。

（7）Schüddekopf, Otto-Ernst, *20 Jahre Schulbuchrevision in Westeuropa 1945–1965*, Albert Limbach Verlag, 1966, S. 12-14.

（8）西川正雄、伊集院立「西ドイツ＝ポーランド教科書勧告」西川正雄編著『自国史を越えた歴史教育』三省堂、一九九二年、一七三―一七五頁。なお、この論文は『教育』一九八五年二月号に掲載されたものの再録である。また、より早い時期に西ドイツとポーランドの歴史教科書対話を紹介した文章に、阪東宏「歴史教科書の国際的検討について」『歴史評論』三九一号、一九八二年、六二―六六頁、伊ケ崎暁生「教科書改善の国際的協力の経験から（解説と資料）」『国民教育』五七号、一九八三年、八二―九一頁、加藤一夫「ポーランドの「教科書問題」」『レファレンス』三三三号、一九八三年、九二―一〇〇頁などがある。

（9）ヘルクト参事官による一九七三年二月一四日付外務省内文書（PA AA）B93 499）ならびに一九七八年三月一〇日付の内部メモ「ゲオルク・エッカート研究所第三回評議会について」（PA AA）B93 869）より。なお川村は、外国での文化事業が政治的すぎるという国内の批判と石油危機にともなう緊縮財政から、一九七六年に対外文化政策関係予算が削減されたことを指摘しているが、ゲオルク・エッカート国際教科書研究所に対する支出は、少なくとも一九七八年まで二三万マルクを維持しており、ここに研究所の活動に対して認めた外務省の高い優先順位を見ることができる（川村陶子「文化会館と国際関係」平野健一郎他編『国際文化関係史研究』東京大学出版会、二〇一三年、五三四―五三五頁）。

（10）四人の歴史家とは、ポーランドとの共同教科書委員会のドイツ側代表となるフレンスブルク教育大学教授ヴァルター・メルティナイト、独仏対話に大きな役割を果たしたゲッティンゲン大学教授ルドルフ・フォン・タッデン、ポーランドならびにイスラエルとの対話に参加したハノーファー大学教授ヴォルフガンク・マリーエンフェルト、そして一九七七年から七八年まで国際教科書研究所の暫定所長をつとめるニーダーザクセン教育大学ブラウンシュヴァイク校教授ジークフリート・バッハマンである。（Schmidt, Josef, Eine Erbschaft wird geregelt, in: *Süddeutsche Zeitung*, 5. /6. Juli 1975.）

(11) *Niedersächsischer Landtag. 8. Sitzung, Hannover, den 11. Dezember 1974*, S. 531-532.（PA AA）B93 812.

(12) *Niedersächsischer Landtag. 8. Sitzung, Hannover, den 11. Dezember 1974*, S. 537.（PA AA）B93 812.

(13) 外務省対外文化政策課課長からニーダーザクセン州学術芸術相グロレへの一九七五年一月一〇日付書簡（（PA AA）B93 812）より。

(14) 対外文化政策課参事官ヴェンツラフとホリクからメーシュ政務次官への状況説明（（PA AA）B93 812）より。

(15) 政務次官メーシュからニーダーザクセン州首相クーベルへの一九七五年四月二四日付書簡（（PA AA）B93 812）より。

(16) 首相府から外務省ならびに連邦学術省への一九七六年七月一二日付書簡（（PA AA）B93 812）より。

(17) 現実には、ＣＤＵ政権の州の多数が当初、研究所への支援を拒否し、ＣＳＵのバイエルンは最後まで支援に加わらなかったことを考えると、レマースらは全ての州の参加を要求することで、本当は設置法を廃案に追い込むことを意図していたのではないかと推測することもできないわけではないが、当時ヘルムート・コール（ＣＤＵ）が州首相をつとめていたラインラント・プファルツはニーダーザクセンからの協力要請に前向きであったことを併せて考慮すると、そこまでの意図を読み取る必然性はないように思われる。

(18) ニーダーザクセン州教育省次官ギュンター・ヴィヒャートが外務省のアーノルトに宛てた一九七五年六月一〇日付の書簡（（PA AA）B93 812）には、こうした方針で準備作業が進められていることをすでに六月四日に電話で伝えてあることが記されている。

(19) "Gesetz über die Gründung des „Georg-Eckert-Instituts für internationale Schulbuchforschung“ vom 26. Juni 1975", in: *Internationales Jahrbuch für Geschichts-und Geographieunterricht*, Vol. 16, 1975, S. 3.

(20) 外務省からニーダーザクセン州教育相への一九七四年三月二五日付書簡（（PA AA）B93 748）より。

(21) ニーダーザクセン州学術芸術省から外務省対外文化政策課への一九七七年一一月九日付書簡（（PA AA）B93 869）よ

り。

(22) 外務省内の一九七七年一〇月二八日付文書(PA AA)B93 869)より。

(23) 外務省内の一九七七年一一月二九日付文書(PA AA)B93 869)より。

(24) コッホ参事官からハム＝ブリュッヒャー外務政務次官への一九七八年一月一九日付書簡(PA AA)B93 869)より。

(25) 第三回評議会についての外務省内の一九七八年三月一〇日付報告(PA AA)B93 869)より。

(26) コッホ参事官による第一回評議会に向けた外務省内の一九七七年一〇月二八日付提案書(PA AA)B93 869)より。

(27) 評議会に向けた外務省内の一九七八年一一月一四日付提案書(PA AA)B93 868)より。

(28) 対外文化政策課課長からヤイスマンへの一九七八年一一月一五日付書簡(PA AA)B93 868)より。

(29) ゲオルク・エッカート国際教科書研究所のシュトローベルは、ヤイスマンが一九八〇年に手紙に記した「研究所は、設置法により、もはやエッカートの時代のようなユネスコ委員会の道具ではない」という言葉を引用し、彼のもとで研究所は「学問と政治の蝶番の役割を果たすようになった」と評価している。(Strobel, Thomas, *Transnationale Wissenschafts-und Verhandlungskultur. Die Gemeinsame Deutsch-Polnische Schulbuchkommission 1972–1990*, V&R unipress, 2015, S. 98–99.)

おわりに

今から一二年前、二〇〇六年のことになる。フランスの新聞『ルモンド』に掲載されていた、「仏独の高校生はまもなく共通の歴史教科書を手にすることになる」という小さな記事が編者の目にとまった。フランス現代史を専門とする編者はそれまでも仏独関係に関心をもっており、特に、両大戦間期における対立から和解への変化や、再び戦火を交えた第二次世界大戦から現在に至る和解のプロセスに着目していた。また、歴史教科書をめぐる問題にも一定の関心があり、その前年(二〇〇五年)にシドニーで開催された国際歴史学会議で西川正雄氏が主宰した関連パネルを覗いたこともあった。しかし、いわゆる「歴史教科書問題」が世間を騒がせていた当時の日本からすれば、「国境を越える歴史教科書」の実現は、まさに別世界の出来事であった。そうした中で記事を目にした編者が、独仏共通歴史教科書の研究を通じて国境を越える歴史認識の可能性について考えてみたい、と思いたったのが、本書に結実することになった共同研究のそもそもの発端であった。

仏独の係争地アルザスの専門家で両国の事情に精通する西山暁義氏に最初に共同研究を持ちかけたのは、同氏の記憶によれば、東京での研究会の帰り道、小田急線新宿駅のホーム上のことであったという。シドニーの国際歴史学会議に参加していたドイツの歴史教育に詳しい川喜田敦子氏らにも声をかけ、共同研究「歴史認識共有の実験――仏独共通歴史教科書の射程」を科学研究費助成事業の基盤研究Bに申請し、二〇〇七年度から採用された。その後、二〇一二年度からの「歴史認識の越境化とヨーロッパ公共圏の形成――学術交流、教科書対話、博物館、メディア」、さらには二〇一六年度から現在に至る「ヨーロッパにおける公共史の実践――歴史博物館、歴史教養メディア、歴史教科書」という、三つの科研共同研究(いずれも基盤研究B)を進めてきた。二〇一二年度からはヨーロッパの歴史対話に精通する近藤孝弘氏とポーランド現代史を専門とする吉岡潤氏が加わっている。この間、ドイツ、フランス、ポーランドなどヨーロッパ各地を視察し、また各国から専門家を招いて研究会、講演会、シンポジウムを開催してきた。特に西洋史学会では、二〇一〇年(別府大学)と、二〇一五年(富山大学)に、小シンポジウムを開催することができた。

当初は共通歴史教科書を主たる研究対象に据えていた本共同研究が、本書のサブタイトルにも掲げた「公共史」にターゲットを広げることになった事情については、少々説明が必要かもしれない。直接的な理由としては、実地調査の過程で、独仏共通歴史教科書の使用状況が、アビバック学級などの特殊な二言語学級に限られるなど、当初の見通しとは異なりかなり限定的であることが判明したこと、そして独仏共通歴史教科書に引き続き刊行が予定されていたドイツ＝ポーランド共同歴史教科書の刊行が遅れに遅れたことがある。後者の背景には、本書で吉岡氏が指摘しているポーランドの国内事情があるが、いずれにせよ、共通歴史教科書が国境を越える歴史認識へと道を切り開くという当初の私の予測は、少々楽観的にすぎることが判明した。しかし他方で、ヨーロッパでの調査を通じて、歴史教科書だけではなく、書籍や映像、博物館などの様々なメディアによる国境を越える歴史認識の試みが始まっていることもわかってきた。それらを総合的に把握するキーワードとして浮上したのが「公共史」という概念であった。

私の楽観的な予測とは異なり、共通歴史教科書の限界をまざまざと見せられていることは前述した通りだが、国境を越える歴史認識の形成に与《あずか》るのは歴史教科書だけではないということは、本書を通じて理解していただけたのではないだろうか。私は、中でも歴史博物館に対して大きな希望を見いだしている。

共同研究を支えたのは、本書の寄稿者だけではない。ドイツ、ポーランド、フランスの研究者、教育現場の関係者からの協力を仰ぎ、さらには国内の様々な研究会や共同研究チームに声をかけていただき、研究報告の機会をいただいてきた。そのような方々の中であえて一人だけ名前を挙げるとすれば、独仏共通歴史教科書作成の指導委員会の中心メンバーであり、仏独関係史研究の第一人者、ベルリン自由大学名誉教授のエティエンヌ・フランソワ氏であろう。フランソワ氏を中心に、昨年(二〇一七年)フランスでは、ピエール・ノラの『記憶の場』のヨーロッパ版ともいうべき書物、*Europa, notre histoire: L'Héritage européen depuis Homère*, Les Arènes が刊行されたが、同書の編者の一人を西山氏が務めたことも特筆しておきたい。本書は、そうした内外のバックアップがあって初めて実現したと言っても過言ではない。この場を借りて御礼申し上げたい。

岩波書店の吉田浩一氏には、私と西山氏の二人で翻訳した『仏独共同通史 第一次世界大戦』に引き続いてお世話になった。同書もまた、国境を越える歴史認識の実践の一つである。

本書は、「公共史」を掲げた本邦最初の研究書であるが、同時に、読者の皆様には、本書自体を公共史の実践の一つとして受けとめていただきたいと密かに願っている。本書をきっかけに公共史への関心が高まり、国内や国際社会における様々な境界を越える歴史認識の試みがこれからも増えることを期待している。

二〇一八年三月

剣持久木

執筆者・翻訳者略歴（掲載順）

剣持久木【編者】

1961 年生．静岡県立大学国際関係学部教授．フランス現代史．『記憶の中のファシズム――「火の十字団」とフランス現代史』(講談社選書メチエ，2008)．

川喜田敦子（かわきた あつこ）

1974 年生．中央大学文学部教授．ドイツ現代史．『ドイツの歴史教育』(白水社，2005)．

アネット・ヴィヴィオルカ（Annette Wieviorka）

1947 年生．フランス国立科学研究センター教授．ジェノサイド史，20 世紀ユダヤ人史．*Déportation et génocide: Entre la mémoire et l'oubli*, Hachette Littératures, 2003.

安原伸一朗（やすはら しんいちろう）

1972 年生．日本大学商学部准教授．フランス文学．『公の中の私，私の中の公』(共著，日本評論社，2013)．

吉岡 潤（よしおか じゅん）

1969 年生．津田塾大学学芸学部教授．ポーランド現代史．『戦うポーランド――第二次世界大戦とポーランド』(東洋書店，2014)．

ファブリス・ヴィルジリ（Fabrice Virgili）

1961 年生．パリ第一大学教授．20 世紀の戦争と性．*Naître ennemie. Les enfants nés de couples franco-allemands pendant la Seconde Guerre mondiale*, Payot, 2009.

ステファン・オードワン＝ルゾー（Stephane Audoin-Rouzeau）

1955 年生．社会科学高等研究院教授，ペロンヌ大戦歴史博物館国際研究センター所長．第一次世界大戦史，現代戦争の歴史人類学．*La guerre des enfants: 1914-1918*, Armand Colin, 2004.

末次圭介（すえつぐ けいすけ）

通訳・翻訳者，学術博士．

西山暁義（にしやま あきよし）

1969 年生．共立女子大学国際学部教授．ドイツ現代史．『帝国・国民・言語――辺境という視点から』(共著，三元社，2017)．

近藤孝弘（こんどう たかひろ）

1963 年生．早稲田大学教育・総合科学学術院教授．歴史／政治教育学．『ドイツの政治教育――成熟した民主社会への課題』(岩波書店，2005)．

越境する歴史認識
——ヨーロッパにおける「公共史」の試み

2018年3月27日　第1刷発行

編　者　剣持久木《けんもちひさき》

発行者　岡本　厚

発行所　株式会社　岩波書店
〒101-8002 東京都千代田区一ツ橋 2-5-5
電話案内 03-5210-4000
http://www.iwanami.co.jp/

印刷・三陽社　カバー・半七印刷　製本・牧製本

ISBN 978-4-00-022301-0　　Printed in Japan